FICHES BAC

1re générale

NOUVEAU BAC

Histoire Géographie

TRONC COMMUN

W0296787

Christophe Clavel
Professeur certifié d'histo

Grégoire Gueilhers
Professeur agrégé d'histoire-géographie

Florence Holstein
Professeure agrégée d'histoire-géographie

Jean-Philippe Renaud
Professeur agrégé d'histoire-géographie

Nathalie Renault
Professeure agrégée d'histoire-géographie

Matthieu de Sauvage
Professeur agrégé de géographie

Hatier

SOMMAIRE

Quand vous avez révisé une fiche, cochez la case ❐ correspondante !

Histoire

L'Europe face aux révolutions (1789-1848)

La France dans l'Europe des nationalités : politique et société (1848-1871)

La IIIe République avant 1914, un régime politique et un empire colonial

La Première Guerre mondiale : le suicide de l'Europe et la fin des empires européens

Géographie

La métropolisation, un processus mondial différencié

Une diversification des espaces et acteurs de la production

Les espaces ruraux, une multifonctionnalité de plus en plus marquée

La Chine : des recompositions spatiales multiples

DÉPLIANT

Des cartes mentales d'histoire et des cartes de géographie

Maquette de principe : Frédéric Jély • **Mise en pages** : STDI • **Schémas** : STDI et Nord Compo • **Cartographie** : Claire Levasseur • **Iconographie** : Hatier illustration • **Édition** : Béatrix Lot

ISBN 978-2-401-05268-0

1789, la fin de l'Ancien Régime

1

☐ OK

La Révolution française est marquée par des changements politiques, économiques, sociaux et juridiques majeurs. Les bouleversements de 1789 marquent la fin de l'Ancien Régime et inaugurent une décennie révolutionnaire.

I Le début d'une décennie révolutionnaire

1 La souveraineté nationale s'impose contre le roi

- Les États généraux s'ouvrent le 5 mai 1789 à Versailles. Les députés du tiers état se proclament Assemblée nationale, le 17 juin. Rejoints par des membres du clergé, ils jurent le 20 juin dans la salle du Jeu de paume de ne pas se séparer avant d'avoir rédigé une constitution.
- Le roi cède et ordonne, le 27 juin, aux députés de rejoindre l'Assemblée nationale, qui se déclare Assemblée constituante. La souveraineté passe du roi aux représentants de la nation.

Mot clé

La **souveraineté nationale** fait de la nation et de ses représentants les détenteurs du pouvoir politique.

2 Le peuple, accélérateur de la Révolution politique

- Louis XVI veut reprendre le contrôle de la situation. Il masse des troupes aux portes de Paris et renvoie Necker, favorable aux réformes.
- Révoltés, les Parisiens créent alors une municipalité et une garde nationale (milice de citoyens armés) pour maintenir l'ordre. À la recherche d'armes, le 14 juillet, ils prennent d'assaut la prison de la Bastille, symbole de l'arbitraire royal. Le peuple a fait irruption de manière violente dans le processus révolutionnaire et le roi reconnaît son action.
- Le reste de la France connaît aussi une forte agitation populaire et municipale. La noblesse commence à émigrer.

3 La fin de la société d'ordres

- Dans les campagnes, à partir du 20 juillet, des rumeurs se répandent. Les seigneurs auraient armé des brigands pour lutter contre la Révolution. En réaction, des paysans attaquent des châteaux, c'est la Grande Peur.
- Pour mettre fin à ces troubles, les députés de la Constituante abolissent, au cours de la nuit du 4 août, les privilèges, les droits seigneuriaux et la dîme.

- La proclamation de la **Déclaration des droits de l'homme et du citoyen (DDHC)**, le 26 août 1789, confirme la fin de la société d'Ancien Régime.

II De nouveaux principes

1 Une nation souveraine et libre

- En 1789, les sujets du roi deviennent des citoyens et les pouvoirs sont séparés. La nation est souveraine. C'est une réponse aux attentes des **philosophes des Lumières**.

> **Mot clé**
> La **nation** est la communauté unie, vivant sur le même territoire et affirmant sa volonté de vivre ensemble.

- La DDHC est un des **textes fondateurs de la démocratie moderne**. Elle instaure une démocratie libérale, basée sur l'exercice des libertés individuelles et l'État de droit. L'article I garantit l'égalité et la liberté : « Les hommes naissent et demeurent libres et égaux en droit. »

2 La proclamation de l'égalité juridique

- L'été 1789 marque la **fin de la société d'ordres et de privilèges**. La mobilité sociale profite surtout à la bourgeoisie, qui obtient le partage du pouvoir politique et l'égalité juridique. Les femmes et les esclaves sont les oubliés de la DDHC. Quant aux sans-culottes (petit peuple), ils veulent poursuivre la révolution.
- Les femmes marchent sur Versailles, les 5 et 6 octobre, et contraignent le roi à s'installer à Paris. Désormais, le roi et l'Assemblée sont au milieu du peuple parisien dont ils redoutent la violence.

L'ESSENTIEL

La fin de l'Ancien Régime

- Souveraineté aux représentants de la nation (27 juin)
- Fin de la société d'ordres (nuit du 4 août)
- Peuple : moteur de la Révolution politique (14 juillet)
- DDHC : nation souveraine et libre (26 août)

L'échec de la monarchie constitutionnelle (1790-1792)

2

☐ OK

La première Constitution française s'inscrit dans l'esprit de 1789 mais c'est un texte de compromis. Fragilisée par d'âpres débats et des conflits à différentes échelles, la monarchie constitutionnelle ne parvient pas à mettre en place un ordre politique stable.

I Les tensions entre le roi, l'Assemblée et la nation

- Le 14 juillet 1790, la fête de la Fédération célèbre l'unité du roi et de la nation. Louis XVI jure de respecter la future Constitution.
- Pour autant, il est hostile aux réformes. Le 20 juin 1791, le roi et sa famille tentent de fuir pour retrouver des troupes fidèles dans la Meuse. Ils sont reconnus et arrêtés à Varennes le lendemain. De retour à Paris, le roi perd la confiance d'une grande partie de l'opinion.
- Le 17 juillet 1791, une manifestation populaire soutenue par les clubs patriotes réclame la déchéance du roi. Or, les députés soutiennent la monarchie constitutionnelle. La garde nationale est envoyée par l'Assemblée et disperse violemment les contestataires. La Constitution est votée le 3 septembre.

Mot clé

Les **clubs** sont des associations où les citoyens débattent des questions politiques. Ils tirent leurs noms des lieux de réunion, souvent d'anciens couvents (Jacobins, Cordeliers).

II L'entrée en guerre d'un pays divisé

1 La réforme du clergé brise l'union nationale

- La situation financière catastrophique conduit l'Assemblée à nationaliser les biens du clergé pour les revendre. La Constitution civile du clergé, votée le 12 juillet 1790, prévoit que les curés et évêques doivent prêter serment sur la Constitution. Ils deviennent des fonctionnaires élus par les fidèles et payés par l'État.
- Cette réorganisation de l'Église est condamnée par le roi et le pape Pie VI. Le clergé se divise entre les « jureurs », qui prêtent serment, et les « réfractaires », qui s'y opposent. Nombreux dans l'Ouest et soutenus par des catholiques hostiles à ces réformes, ces derniers alimentent la contre-révolution.

2 Le débat sur l'entrée en guerre

- Les princes européens craignent la contagion révolutionnaire. Les nobles émigrés les poussent également à secourir Louis XVI.
- Les Girondins souhaitent entrer en guerre afin de renforcer le régime par la victoire. Le roi y est également favorable, pariant sur une défaite pour restaurer son pouvoir. Robespierre (montagnard) plaide la prudence. Le 20 avril 1792, la France entre en guerre contre l'Autriche qui s'allie à la Prusse. ▶ FICHE 3

III La chute de la royauté

- Les troupes étrangères pénètrent dans le Nord et l'Est de la France. La patrie est proclamée « en danger » le 11 juillet, mais le roi s'oppose à une levée en masse de soldats citoyens. Des volontaires affluent de toute la France, marchant au rythme du *Chant de guerre pour l'armée du Rhin*.
- Le 10 août 1792, une insurrection prend le palais des Tuileries et force l'Assemblée législative à voter la déchéance du roi.

Mot clé

Le ***Chant de guerre pour l'armée du Rhin***, composé par Rouget de Lisle, est chanté par les volontaires marseillais (d'où *La Marseillaise*) jusqu'à leur entrée dans la capitale en juillet 1792.

- C'est la fin de la monarchie constitutionnelle. Elle n'a pas survécu à l'accélération de la Révolution, à la division des révolutionnaires et à la résistance du roi. Louis XVI est enfermé à la prison du Temple.
- Le 21 septembre 1792, au lendemain de la victoire de Valmy, une nouvelle Assemblée élue au suffrage universel, la Convention, se réunit dans le but d'élaborer une nouvelle Constitution.

L'ESSENTIEL

L'échec de la monarchie constitutionnelle (1790-1792)
- → Tensions entre le roi, l'Assemblée et la nation
- → Pays divisé qui entre en guerre
- → Patrie menacée, accélération de la Révolution

La Ire République (1792-1799)

3

☐ OK

Entre 1792 et 1799, la France connaît sa première expérience républicaine. Deux conceptions s'opposent : l'une d'inspiration libérale et légaliste, l'autre, plus sociale et usant de moyens exceptionnels, la Terreur.

I La République des Girondins (1792-1793)

- Le 22 septembre 1792, la République est proclamée. Les Girondins et les Montagnards dominent l'assemblée, appelée Convention. Le procès du roi révèle leurs divergences. Les Girondins reconnaissent la trahison de Louis XVI mais tentent de le sauver. Le roi est guillotiné, le 21 janvier 1793.

Mot clé

- Les **Girondins**, attachés à la propriété, sont des modérés. Ils condamnent les violences et le centralisme politique.
- Les **Montagnards**, plus proches du peuple, insistent davantage sur l'égalité sociale.

- La France est attaquée par ses voisins et l'armée bat en retraite. Les paysans vendéens refusent la levée en masse de 300 000 hommes et la persécution des prêtres réfractaires. Ils se soulèvent en mars 1793.
- L'Assemblée vote l'arrestation des chefs girondins, le 2 juin. Cela entraîne une insurrection « fédéraliste » en province.

II La République des Montagnards (1793-1794)

1 Une République égalitaire et démocratique

La Constitution de 1793 garantit le suffrage universel, le droit au travail et à l'instruction. L'esclavage est aboli. La Convention vote des mesures sur le maximum des prix et des salaires. Le culte de l'Être suprême et le calendrier révolutionnaire diffusent l'esprit républicain et participent à la déchristianisation.

2 Un gouvernement révolutionnaire

- Pour sauver la République, la Convention met « la Terreur à l'ordre du jour » et confie le pouvoir à un Comité de salut public de quatorze membres. Les libertés sont suspendues ainsi que la nouvelle constitution. Les opposants, à l'image de Mme Roland, sont éliminés.

- Avec la loi des Suspects et le tribunal révolutionnaire, les opposants sont éliminés. La Terreur fait 40 000 victimes et la guerre civile en Vendée plus de 150 000 morts.
- Les armées étrangères sont refoulées. Le maintien de la Terreur divise alors les Montagnards. Les dirigeants jugés extrémistes ou trop indulgents, comme Danton sont guillotinés. Les modérés font arrêter Robespierre, le 9 Thermidor an II (27 juillet 1794). Il est exécuté. La Terreur est abolie, les suspects libérés.

III La République conservatrice (1794-1799)

1 La République thermidorienne (1794-1795)

- Les Thermidoriens veulent stabiliser la République et terminer la Révolution. Le mouvement sans-culotte est désarmé. Les royalistes pourchassent les Montagnards, c'est la Terreur blanche.
- La Constitution de l'an III (1795) est fondée sur le suffrage censitaire. Seuls 30 000 propriétaires peuvent voter. Le pouvoir est partagé entre deux Assemblées et cinq directeurs.

2 Le Directoire (1795-1799)

- Le luxe des plus riches contraste avec la misère du peuple. La conspiration des Égaux, organisée par Babeuf en 1796, est réprimée. Le Directoire lutte aussi contre les royalistes.
- Pour rétablir les finances de l'État, le Directoire se lance dans une politique de conquêtes. Le coup d'État du général Bonaparte, le 18 Brumaire An VIII (9 novembre 1799), met fin au Directoire.

L'ESSENTIEL

La République des Girondins (1792-1793)	La République des Montagnards (1793-1794)	La République conservatrice (1794-1799)
▸ République libérale et légaliste ▸ sauver la tête du roi	▸ République égalitaire et démocratique ▸ usage de la Terreur qui divise	▸ Thermidoriens : stabiliser la République et finir la Révolution ▸ Directoire : lutter contre la tyrannie de la Terreur

Du Consulat à l'Empire (1799-1815)

4

☐ OK

« Citoyens, la Révolution est fixée aux principes qui l'ont commencée, elle est finie », annonce Bonaparte, peu après le coup d'État de novembre 1799. Napoléon a-t-il terminé la Révolution ?

I Le Consulat, une République forte (1799-1804)

1 Un régime autoritaire

- La Constitution de l'an VIII conserve la République et ses symboles. Mais le Premier consul, chef de l'exécutif, a l'initiative des lois et des pouvoirs étendus. Le pouvoir est **centralisé** avec des **préfets** qui représentent l'État dans chaque département.
- Le **suffrage universel** est rétabli mais les électeurs ne font qu'établir des listes locales. Les ouvriers sont surveillés (livret ouvrier, 1803) et la **grève** est interdite.

2 Une œuvre réformatrice : les « masses de granit »

- La création de la **Banque de France** (1800), de la Cour des comptes et d'une monnaie stable, le **franc germinal** (1803), favorisent la stabilité économique.
- Bonaparte fonde les **lycées** (1802) pour former les futures élites sur la base du mérite. La **Légion d'honneur** (1802) récompense les personnes dévouées à l'État.
- Le **Code civil** (1804) confirme des acquis révolutionnaires. Mais il impose une conception très autoritaire de la famille et des relations professionnelles.

3 Une volonté de pacification

- Le **Concordat** (1801) pacifie la situation religieuse. La liberté de culte est garantie et le catholicisme reconnu « religion de la grande majorité des Français ».
- Après dix ans de guerre avec l'Europe, Bonaparte signe la **paix d'Amiens** avec l'Angleterre en 1802. Parallèlement, dans les colonies, l'esclavage est rétabli. **Saint-Domingue** se révolte et les Français quittent l'île en 1804.

II L'Empire, autoritaire et guerrier (1804-1815)

1 L'abandon de la République

- Déclaré Consul à vie en 1802 suite à un plébiscite, Napoléon se fait sacrer empereur héréditaire le 2 décembre 1804. Il épouse Marie-Louise, une princesse autrichienne, afin de fonder une dynastie.
- Le régime devient de plus en plus autoritaire.

Mot clé

Un **plébiscite** est une consultation des électeurs qui répondent par oui ou par non, afin d'approuver une politique et surtout celui qui la conduit.

2 Les raisons de la stabilité de l'Empire

- Le ministère de la Police surveille les opposants. Les préfets contrôlent la presse, l'imprimerie et le théâtre. Aussi, les victoires militaires flattent le nationalisme des Français et réduisent la contestation.
- La religion devient un outil de propagande impériale.
- Le régime assure l'essor économique et la paix sociale. L'industrie est stimulée par les commandes de l'État et de l'armée. De grands travaux sont entrepris.

3 Les raisons de la chute de l'Empire

- Dès 1811, la France connaît une crise économique et morale. C'est la disette. Le pays est las des guerres et des impôts. Les catholiques s'opposent à l'arrestation du pape en 1812.
- En janvier 1814, la France est envahie. Napoléon abdique le 6 avril. Louis XVIII monte sur le trône. Cette Restauration est vite impopulaire. Napoléon tente un retour : les Cent-Jours. Vaincu à Waterloo le 18 juin 1815, il abdique le 22 juin.

L'ESSENTIEL

Le Consulat, une République forte (1799-1804)
- régime autoritaire et centralisé
- réformes économiques, sociales, religieuses
- volonté de pacification

L'Empire, de la gloire à la chute (1804-1815)
- État fort qui contrôle les libertés et les opposants
- victoires militaires, puis défaites
- essor économique, puis crise

La diffusion de la Révolution en Europe

5

☐ OK

Entre 1792 et 1815, la France cherche à diffuser en Europe les idées de la Révolution française. Comment la France révolutionne-t-elle l'Europe ?

I De la diffusion des principes révolutionnaires...

1 Des guerres de conquête pour « libérer » les peuples

- Dès 1789, La Révolution française suscite enthousiasme et espoir dans les pays européens où se sont diffusées les idées des Lumières.
- En 1792, la France entre en guerre contre les « tyrans » européens. Les révolutionnaires affirment le droit des peuples à disposer d'eux-mêmes. Des révolutions éclatent, notamment aux Pays-Bas. Une République est proclamée en 1793.
- Les conquêtes françaises se succèdent à partir de la victoire de Fleurus, en 1794. La campagne d'Italie donne naissance à trois « Républiques sœurs ».
- Napoléon remporte des victoires décisives contre les grandes puissances européennes : Austerlitz (1805), Iéna (1806). Il permet la renaissance de la Pologne.

2 Une armée nombreuse et exaltée

- La République a instauré la levée en masse de la nation en armes. Sous l'Empire, la loi Jourdan fonde la conscription. Les soldats sont motivés, les officiers qualifiés et l'Empereur « invincible ».
- L'armée napoléonienne intègre des troupes étrangères venant des pays dominés : Italiens, Belges, Bavarois... Cette « Grande Armée » est forte de plus de 2 millions d'hommes en 1812.

Mot clé

La **conscription** est l'enrôlement des jeunes d'un même âge afin de servir les forces armées. Elle se distingue en cela de l'enrôlement volontaire.

- Dans l'Europe napoléonienne, les principes de 1789 – libertés fondamentales, égalité et propriété – sont appliqués. La France supprime les privilèges, abolit le servage et parfois les droits seigneuriaux. Les pays conquis adoptent des constitutions inspirées du modèle français. Le Code civil est introduit.

II ... à leur refoulement

1 L'opposition des souverains étrangers

- Napoléon bouleverse les familles régnantes en plaçant ses proches sur les trônes européens : son frère Louis en Hollande, le général Bernadotte en Suède. En 1809, les États pontificaux sont englobés dans l'Empire.
- Napoléon met en place un blocus continental contre l'Angleterre. Cette tentative d'isolement commercial conduit à la guerre sur tout le continent.
- Napoléon conquiert Moscou en 1812 au prix de 60 000 morts. Le tsar refuse de négocier. La retraite est un désastre. En 1814, la France est envahie.

2 Face à l'occupation, l'éveil des nations

- Les impôts, la répression contre les opposants, la récession économique due au blocus continental et l'enrôlement de force dans la Grande Armée rendent le régime impopulaire.
- Les conquêtes napoléoniennes suscitent l'éveil des sentiments nationaux, notamment en Espagne et en Allemagne.

Mot clé

Le **sentiment national** est le sentiment d'appartenir à une même nation, c'est-à-dire à un groupe qui se distingue par son histoire, sa culture et son désir de vivre ensemble.

L'ESSENTIEL

Les principes révolutionnaires en Europe

Diffusion
- guerres pour « libérer » les peuples
- armée nombreuse et motivée

Refoulement
- opposition des souverains étrangers
- éveil des sentiments nationaux

L'Europe du congrès de Vienne et ses fragilités

6

☐ OK

En 1815, les États vainqueurs de la France napoléonienne entendent réorganiser l'Europe du point de vue territorial et politique. Si leurs décisions façonnent durablement le continent, elles posent de nombreux problèmes pour les peuples.

I La restauration de l'ordre monarchique européen

- De septembre 1814 à juin 1815, un congrès international se réunit à Vienne pour **régler le sort des territoires libérés** des armées napoléoniennes et instaurer une paix durable en Europe. Le congrès est dominé par **quatre puissances** : l'Autriche, la Russie, l'Angleterre et la Prusse. Il débouche sur un acte final adopté en juin 1815.

- La **carte de l'Europe** est profondément remaniée : la France retrouve ses frontières de 1792 ; les quatre grandes puissances acquièrent de nombreux territoires (l'Autriche annexe la Lombardie-Vénétie ; la Russie acquiert une partie de la Pologne). Des États-tampons apparaissent, comme les Pays-Bas. Les monarchies sont restaurées et les dynasties chassées du pouvoir reviennent sur le trône, (en France, les Bourbons).

> **Mot clé**
> Un **État-tampon** est un État créé pour isoler la France du reste de l'Europe.

- L'acte final est complété par le **traité de la Sainte-Alliance**, signé en septembre 1815 entre la Russie, l'Autriche et la Prusse : les souverains s'engagent à se porter aide et assistance.

- En novembre 1815, l'Angleterre se joint à ces trois puissances pour signer la **Quadruple-Alliance**. Les États signataires décident de se réunir régulièrement et de **lutter ensemble contre les mouvements révolutionnaires**.

II Les faiblesses du nouvel ordre européen

1 Les divisions entre puissances

- Derrière leur unité affichée, les puissances s'opposent quant à leurs objectifs. L'Angleterre, soutenue par l'Autriche, défend le principe d'un **équilibre européen**. Au contraire, la Russie et la Prusse prétendent devenir des puissances **hégémoniques** sur le continent.

- L'Autriche s'oppose à la Prusse sur la prétention de cette dernière à devenir la principale puissance de l'Europe germanique.

2 Les aspirations nationales et libérales bafouées

- Le congrès de Vienne bafoue le droit des peuples à disposer d'eux-mêmes : les Polonais sont sous domination russe, prussienne ou autrichienne ; les Italiens sont écartelés entre sept États.
- Les libertés accordées à l'occasion des conquêtes françaises sont remises en cause par la restauration monarchique.

3 La constitution d'une opposition

- Dans les années 1820, les opposants à l'ordre de Vienne constituent des organisations clandestines pour éviter la répression des princes. En Italie, les carbonari luttent contre l'absolutisme et la domination autrichienne. En Allemagne, les fraternités étudiantes défendent des revendications libérales et nationales.
- Les artistes romantiques, comme le poète anglais Byron ou le peintre français Delacroix, se font les chantres d'une « Europe des peuples » contre l'« Europe des princes ».

Mot clé

Le **romantisme** est un mouvement littéraire et artistique, qui se développe en Europe dans la première moitié du XIXe siècle.

L'ESSENTIEL

L'ordre monarchique européen →
- domination des grandes puissances
- réorganisation de l'Europe
- traité de la Sainte-Alliance pour lutter contre les mouvements révolutionnaires

Les faiblesses →
- puissances divisées
- droit des peuples bafoué
- organisation d'une opposition clandestine

Les mouvements libéraux et nationaux en Europe

7

☐ OK

À deux reprises, en 1830 et 1848, l'Europe du congrès de Vienne est secouée par des mouvements révolutionnaires. Mais la répression militaire des souverains condamne ces mouvements à l'échec.

I La poussée révolutionnaire de 1830

1 Des succès notables

Mot clé
Le **philhellénisme** est un mouvement de soutien à la cause grecque.

- À partir de 1821, les Grecs se soulèvent contre les Turcs ottomans qui les dominent. La répression est sanglante comme lors des massacres de l'île de Chios en 1822. Elle entraîne le développement du philhellénisme dans toute l'Europe. L'intervention militaire de la Russie, de l'Angleterre et de la France contre les Turcs débouche sur l'indépendance de la Grèce en 1830 : c'est un premier revers pour la Sainte-Alliance, qui soutient ici un mouvement révolutionnaire, pour des intérêts politiques.
- En juillet 1830, à Paris, lors des Trois Glorieuses, le roi Charles X est renversé par un mouvement insurrectionnel, qui porte Louis-Philippe d'Orléans au pouvoir. La révolution parisienne est le déclencheur d'insurrections dans divers territoires européens.
- Ainsi, en août 1830, les Belges, intégrés contre leur volonté dans le royaume des Pays-Bas, se soulèvent pour obtenir leur indépendance, acquise en octobre 1830.

2 Des échecs retentissants

- En novembre 1830, les Polonais se révoltent contre la domination russe. Ils proclament leur indépendance en janvier 1831. Mais dès septembre 1831, l'armée du tsar écrase férocement l'insurrection à Varsovie.
- En 1830 et 1831, l'agitation se développe aussi dans certains États allemands et en Italie centrale. Au printemps 1831, l'intervention militaire de l'Autriche met fin au mouvement : la réaction triomphe.
- Cependant, ces échecs nourrissent les revendications nationales. Ainsi, le mouvement Jeune-Italie, fondé par Giuseppe Mazzini en 1831, milite pour une Italie indépendante et unie.

II Le printemps des peuples (1848)

1 Une vague révolutionnaire de grande ampleur

- La **révolution parisienne** de février 1848, entraîne la chute d'une monarchie constitutionnelle et la mise en place d'une république ; ▶ FICHE 11 la **révolution viennoise** de mars 1848, provoque le départ du chancelier Metternich et la mise en place d'une monarchie constitutionnelle. Ces deux révolutions s'étendent à toute l'Europe.
- Au printemps 1848, l'**Europe du congrès de Vienne** se disloque : les Hongrois et les Tchèques proclament leur indépendance. Dans les États allemands, les souverains doivent promettre des constitutions et accepter la convocation d'un Parlement à Francfort. En Italie, les princes doivent aussi octroyer des constitutions ; la république est même proclamée à Rome et à Venise.

2 Le triomphe de la réaction

- Le printemps des peuples bute sur différents obstacles : l'**évolution conservatrice** de la République française ; les **divisions des insurgés** entre républicains et monarchistes (en Italie) ; les **divisions entre les peuples** de l'empire d'Autriche (Croates et Hongrois) ; les **réticences des princes** à accepter des évolutions constitutionnelles ; le **rapport de force en faveur des armées** des grandes puissances (Autriche et Russie).
- Ainsi, l'Autriche retrouve son rôle de **gendarme de l'Europe** en écrasant le mouvement tchèque, la révolution viennoise et l'insurrection hongroise dès l'automne 1848, l'insurrection en Italie du Nord en 1849. Dans les États allemands, les constitutions sont abrogées, le Parlement de Francfort dissous.

> **Mot clé**
> L'**empire d'Autriche** est un État peuplé de dizaines de nationalités différentes.

L'ESSENTIEL

Les mouvements libéraux et nationaux en Europe
- → Lutte pour le respect des libertés
- → Lutte pour l'unité et l'indépendance nationale
- → Soutien des artistes romantiques

Les expériences de monarchie constitutionnelle en France

8

☐ OK

Après l'effondrement de l'Empire en 1815, les Français expérimentent deux monarchies constitutionnelles, de 1815 à 1848, fondées sur la charte de 1814. Celle-ci cherche un difficile équilibre entre l'autorité royale et la souveraineté nationale.

I La Restauration (1815-1830)

1 La charte de 1814

- En 1815, la monarchie est restaurée en France. Louis XVIII monte sur le trône. Il applique alors la charte de 1814, rédigée avant l'épisode des Cent-Jours. ▶ FICHE 4 Ce texte cherche à concilier l'héritage de l'Ancien Régime avec celui de la Révolution française en instaurant une monarchie constitutionnelle.

- Le roi détient le pouvoir exécutif et partage le pouvoir législatif avec deux chambres : la Chambre des Pairs dont les membres sont nommés par le souverain et héréditaires ; la Chambre des députés, élue au suffrage censitaire qui réserve le droit de vote aux plus riches.

- Les Français se voient garantir les libertés fondamentales (de pensée, de culte, de la presse), l'égalité et le droit de propriété.

2 Une vie politique mouvementée (1815-1830)

- Deux partis politiques s'affrontent : le parti ultraroyaliste et le parti libéral.

- Durant son règne (1815-1824), Louis XVIII mène une politique modérée en favorisant une véritable vie parlementaire. Cependant, son successeur, Charles X (1824-1830) se montre beaucoup plus favorable aux ultraroyalistes. Face à une opposition libérale grandissante, il tente un coup de force en juillet 1830 en signant des ordonnances : il supprime la liberté de la presse, dissout la Chambre des députés et réduit le corps électoral pour en éliminer la bourgeoisie.

> **Mot clé**
>
> Une **ordonnance** est une décision législative prise par le roi sans débat parlementaire.

- Les ordonnances royales provoquent une insurrection populaire à Paris les 27, 28 et 29 juillet 1830 (Trois Glorieuses) qui poussent Charles X à abdiquer. Le duc d'Orléans est proclamé roi des Français, sous le nom de Louis-Philippe Ier.

II La monarchie de Juillet (1830-1848)

1 La charte révisée de 1830

- Louis-Philippe prête serment à la charte de 1830, révisée par les députés libéraux (orléanistes). Désormais, le roi ne peut plus gouverner par ordonnances ; le cens et l'âge pour être électeur et éligible sont abaissés, ce qui élargit le corps électoral ; l'hérédité des pairs est abolie.
- Ce nouveau régime semble consolider les acquis de la Révolution française (drapeau tricolore, respect des libertés).

2 Un régime contesté et fragile

- La monarchie de Juillet fait face à de multiples oppositions politiques : celle des légitimistes, celle des bonapartistes, celle des républicains.
- Ainsi, de 1830 à 1836, le gouvernement doit réprimer diverses tentatives de coup d'État et des insurrections populaires. En 1835, après un attentat manqué contre le roi, des lois répressives cherchent à museler l'opposition républicaine.
- De plus, le régime apparaît comme celui de la bourgeoisie. Touchés par la crise économique à partir de 1846 et privés du droit de vote par le suffrage censitaire, les couches populaires se sentent exclues.
- Dans ce contexte, l'interdiction de banquets républicains en février 1848 provoque des journées révolutionnaires à Paris et l'abdication du roi. ▶ FICHE 11

Mot clé

- Les **légitimistes** sont les partisans de la branche aînée des Bourbons.
- Les **orléanistes**, plus libéraux, soutiennent la branche cadette (les ducs d'Orléans).

L'ESSENTIEL

La monarchie constitutionnelle en France

Charte de 1814
- garantie de la liberté
- suffrage censitaire

Charte de 1830
- consolidation des acquis de la Révolution

Partage du pouvoir entre le roi et 2 chambres

Contestations et fragilité
- légitimistes, bonapartistes, républicains
- crise économique

Quiz EXPRESS

9

Avez-vous bien révisé les fiches 1 à 8 ? On vérifie !

L'Europe face aux révolutions (1789-1848)

1 La Révolution française et l'Empire

▶ FICHES 1 À 5

1. La Déclaration des droits de l'homme et du citoyen est proclamée le...

☐ **a.** 20 juin 1789. ☐ **b.** 4 août 1789. ☐ **c.** 26 août 1789.

2. Quel événement entraîne la chute de la monarchie constitutionnelle le 10 août 1792 ?

☐ **a.** l'insurrection populaire au palais des Tuileries

☐ **b.** le retour du roi après la fuite à Varennes

☐ **c.** la déclaration de guerre de la France à l'Autriche

3. En 1801, Bonaparte pacifie la situation religieuse grâce au...

☐ **a.** Consulat. ☐ **b.** Concordat. ☐ **c.** culte de l'Être suprême.

4. Napoléon abdique définitivement après la défaite...

☐ **a.** d'Austerlitz. ☐ **b.** de Leipzig. ☐ **c.** de Waterloo.

2 L'Europe entre restauration et révolution (1814-1848)

▶ FICHES 6 À 8

1. Quelles sont les quatre puissances qui dominent le congrès de Vienne ?

☐ **a.** la France, l'Angleterre, la Russie et l'Autriche

☐ **b.** la Prusse, la France, la Russie et l'Autriche

☐ **c.** l'Autriche, la Prusse, la Russie et l'Angleterre

2. Quel État disparaît après le congrès de Vienne ?

☐ **a.** la Pologne ☐ **b.** la Belgique ☐ **c.** la Grèce

3. Qui est le fondateur du mouvement Jeune-Italie ?

☐ **a.** Mazzini ☐ **b.** Mazarin ☐ **c.** Metternich

4. Quel est l'objectif des ordonnances prises par Charles X en juillet 1830 ?

☐ **a.** éliminer l'opposition libérale ☐ **b.** renforcer son pouvoir

☐ **c.** réconcilier la nation

CORRIGÉS

1 La Révolution française et l'Empire

1. Réponse c. La Déclaration des droits de l'homme et du citoyen est proclamée le 26 août 1789.

2. Réponse a. La chute de la monarchie constitutionnelle a lieu le 10 août 1792 suite à la prise du palais des Tuileries, alors que le pays est envahi par les troupes étrangères.

3. Réponse b. Bonaparte pacifie la situation religieuse en 1801 grâce au Concordat signé avec le pape. La liberté de culte est garantie et le catholicisme est reconnu comme la « religion de la grande majorité des Français ».

4. Réponse c. Après une tentative de retour (les Cent-Jours), Napoléon abdique définitivement le 22 juin 1815, suite à la défaite de Waterloo. Austerlitz (2 décembre 1805) est l'une de ses plus éclatantes victoires.

2 L'Europe entre restauration et révolution (1814-1848)

1. Réponse c. L'Autriche, la Prusse, la Russie et l'Angleterre sont en effet les États coalisés qui ont vaincu les armées napoléoniennes.

2. Réponse a. La Pologne est partagée entre la Russie et la Prusse.

3. Réponse a. L'Italien Giuseppe Mazzini fonde en 1831 le mouvement Jeune-Italie pour instaurer une république italienne unitaire.

4. Réponse a. La suppression de la liberté de la presse est destinée à faire taire toute opposition.

À noter

La **liberté de la presse** est activement défendue par la bourgeoisie libérale au XIXe siècle.

L'Europe face aux révolutions (1789-1848)

1

Quels événements mettent fin à l'Ancien Régime en 1789 ?

▶ FICHE 1

2

Pourquoi Louis XVI s'oppose-t-il à la Révolution ?

▶ FICHE 1

3

Quelles sont les deux grandes tendances politiques à la Convention ?

▶ FICHE 3

4

Qu'est-ce que la Terreur ?

▶ FICHE 3

5

Qu'est-ce qui permet la diffusion des principes révolutionnaires en Europe ?

▶ FICHE 5

6

Quels sont les deux objectifs du congrès de Vienne ?

▶ FICHE 6

7

Quelles sont les deux grandes phases du printemps des peuples de 1848 ?

▶ FICHE 7

8

À quelles oppositions politiques doit faire face la monarchie de Juillet ?

▶ FICHE 8

RÉPONSES

Efforcez-vous de répondre aux questions par vous-même avant de consulter les réponses, puis révisez régulièrement pour bien mémoriser.

2

Louis XVI défend son pouvoir absolu de droit divin et l'organisation traditionnelle de la France. La Constitution de 1791 ne lui accorde que le pouvoir exécutif et un véto suspensif.

1

L'**Ancien Régime est détruit** au cours de l'été 1789. Le serment du Jeu de paume, la prise de la Bastille et la nuit du 4 août mettent fin à l'absolutisme, à l'arbitraire royal ainsi qu'aux privilèges.

4

La **Terreur** est une politique instaurée par le Comité de Salut public entre septembre 1793 et juillet 1794 afin d'éliminer les ennemis de la Révolution. Elle fait 40 000 victimes.

3

Les **Girondins** sont des modérés, attachés à la propriété. Ils condamnent les violences des sans-culottes et le centralisme politique. Les **Montagnards** sont favorables aux revendications populaires des sans-culottes.

6

Le **congrès de Vienne** a **deux objectifs** :
1. régler le sort des territoires libérés des armées napoléoniennes
2. instaurer une paix durable en Europe

5

Les **principes** d'égalité, de liberté et de propriété sont **diffusés** par les armées révolutionnaires. L'occupation française permet l'application du Code civil et de constitutions inspirées du modèle français.

8

La **monarchie de Juillet** doit faire face à diverses oppositions politiques :
- les légitimistes
- les bonapartistes
- les républicains

7

Printemps des peuples :
1. le succès des mouvements libéraux et nationaux, qui remettent en cause l'ordre monarchique européen
2. l'écrasement de ces mouvements par les armées princières

La IIe République (1848-1851)

11

☐ OK

L'instauration de la IIe République semble faire entrer la France dans l'âge démocratique. Cependant, cette expérience tourne court.

I Une République sociale et fraternelle (février-mai 1848)

- Après l'abdication de Louis-Philippe, un gouvernement provisoire se met en place en février 1848. Il est composé de républicains modérés et de socialistes. Il proclame la République, institue le suffrage universel masculin, convoque une Assemblée constituante et crée des ateliers nationaux pour embaucher les chômeurs.

Mot clé

L'**Assemblée constituante** est chargée de rédiger une constitution.

- Les Français semblent unis autour de la République : des arbres de la liberté sont plantés dans toutes les communes et bénis par les prêtres.
- Cependant le pays est touché par une crise économique alors que le financement des ateliers nationaux aggrave le déficit budgétaire.

II Une République fragilisée (avril-juin 1848)

- Les 23 et 24 avril 1848, tous les hommes adultes sont appelés aux urnes pour élire l'Assemblée constituante. C'est l'occasion d'un grand débat démocratique animé par les clubs et les journaux. Le scrutin est marqué par la victoire des républicains modérés.
- En juin, l'Assemblée décide de fermer les ateliers nationaux considérés comme des foyers d'agitation révolutionnaire. Cette décision entraîne l'insurrection des quartiers populaires de l'est parisien.
- La répression militaire est féroce. Des milliers d'insurgés sont tués, 25 000 arrêtés, 4 000 déportés. George Sand se désole : « Je ne crois plus en une République qui tire sur ses ouvriers. »

III Une République conservatrice (juin 1848-déc. 1851)

- En novembre 1848 est adoptée une nouvelle Constitution. Elle confie le pouvoir législatif à une Assemblée élue pour trois ans ; le pouvoir exécutif à un président de la République élu pour quatre ans, non rééligible. Le suffrage universel masculin est maintenu.
- Les élections présidentielles de décembre 1848 sont remportées par Louis-Napoléon Bonaparte, qui se présente comme défenseur de l'ordre. Six mois plus tard, le parti de l'ordre sort victorieux des élections législatives et fait voter des lois réactionnaires (réduction du corps électoral, restriction de la liberté de la presse...).
- Louis-Napoléon Bonaparte ne parvient pas à convaincre l'Assemblée de modifier la Constitution pour lui permettre de se représenter aux élections présidentielles de 1852.
- Par le coup d'État du 2 décembre 1851, il dissout l'Assemblée et convoque le peuple pour un plébiscite l'autorisant à rédiger une nouvelle Constitution. Le « oui » l'emporte.

Mot clé

Un **plébiscite** est une consultation des électeurs qui doivent répondre « oui » ou « non » à une question constitutionnelle.

L'ESSENTIEL

La IIe République

- février-mai 1848
  Mise en place d'un gouvernement provisoire : une république sociale et fraternelle
- avril-juin 1848
  Élection d'une Assemblée constituante : une république fragilisée
- juin 1848-décembre 1851
  Instauration d'une nouvelle constitution : une république conservatrice

Le Second Empire (1852-1870)

12

☐ OK

La Constitution de 1852 instaure un nouveau régime qui entend conserver l'héritage de 1789 tout en instaurant un pouvoir exécutif fort. L'Empire une fois rétabli, Napoléon III exerce d'abord un pouvoir autoritaire avant d'accorder peu à peu davantage de libertés aux Français.

I Un nouveau régime politique

1 Une nouvelle Constitution

- Signée le 14 janvier 1852, la nouvelle Constitution réaffirme les principes de 1789, mais instaure un régime autoritaire.
- Le président exerce le pouvoir exécutif, judiciaire et a l'initiative des lois. Le pouvoir législatif est confié au Conseil d'État (rédige les projets de lois), au Corps législatif (vote les lois) et au Sénat (fait respecter la Constitution).

2 Le rétablissement de l'Empire

- Le prince-président propose le rétablissement de la dignité impériale par le plébiscite du 21 novembre 1852. C'est un triomphe. Le 2 décembre Louis-Napoléon Bonaparte devient empereur sous le nom de Napoléon III.

> **Date clé**
> Le **2 décembre** est la date anniversaire du sacre de Napoléon Ier (1804) et de la bataille d'Austerlitz (1805).

- Napoléon III va alors gouverner seul, en s'entourant néanmoins de quelques fidèles comme Morny, président du Corps législatif, ou Rouher, ministre d'État.

II L'Empire autoritaire (1852-1859)

1 La mise au pas des Français

- Le gouvernement contrôle l'administration ; les préfets sont chargés d'encadrer la population.
- La liberté de la presse est limitée, ce qui permet de museler la presse d'opposition. Le régime des élections favorise les candidats officiels soutenus par les préfets.
- L'empereur s'appuie sur le clergé pour obtenir l'obéissance des Français.

2 La faiblesse de l'opposition

- La majorité de la population soutient un régime qui apporte l'ordre et la prospérité au pays.
- Les royalistes sont divisés entre les légitimistes et les orléanistes.
- Les républicains sont traqués par la police. Les opposants au coup d'État du 2 décembre, comme Victor Hugo et Edgard Quinet, doivent s'exiler. Napoléon III profite de l'attentat d'Orsini (1858) pour faire emprisonner de nombreux républicains.

III L'Empire libéral (1860-1870)

1 Le renforcement des oppositions

- À partir de 1859, l'intervention militaire de Napoléon III aux côtés des patriotes italiens aboutit au démembrement des États pontificaux. Mécontent, le clergé devient une force d'opposition au régime.
- En 1860, Napoléon III signe un traité de libre-échange avec le Royaume-Uni. Ce faisant, il s'attire les critiques des industriels, dont les produits sont désormais exposés à la concurrence anglaise.

2 Une libéralisation progressive

- À partir de 1860, les pouvoirs du Corps législatif sont accrus : une véritable vie parlementaire se développe. L'opposition peut s'exprimer, comme celle des libéraux menés par Thiers.
- En 1864, le droit de grève est accordé aux ouvriers. Malgré cette concession impériale, ces derniers se rallient aux républicains.
- Le plébiscite du 20 mai 1870 sur les réformes opérées dans la décennie passée est un immense succès pour Napoléon III.

L'ESSENTIEL

Le Second Empire

Empire autoritaire (1852-1859)
- administration contrôlée par le gouvernement
- liberté de la presse limitée
- faiblesse de l'opposition

Empire libéral (1860-1870)
- opposition renforcée
- développement de la vie parlementaire
- droit de grève accordé

Les transformations économiques sous le Second Empire

13

☐ OK

Pour moderniser une économie encore archaïque, Napoléon III mise sur l'action de l'État. Ce dernier développe le crédit, le commerce, les voies de communication et lance de grands travaux.

I La politique économique de Napoléon III

1 Une économie archaïque

- L'économie est encore dominée par une agriculture routinière, limitée à des marchés locaux. La production industrielle est assurée par de petites entreprises, proches de l'artisanat.
- Les moyens de communication restent peu développés : la navigation à voile domine ; le réseau ferroviaire n'atteint que 3 500 km vers 1850.
- Au nom du libéralisme, les élites pensent que l'État ne doit pas intervenir dans la vie économique du pays.

Mot clé

Le **libéralisme** est une théorie prônant la liberté d'entreprendre et la non-intervention de l'État dans l'économie.

2 Les objectifs de Napoléon III

Napoléon III estime que l'État doit moderniser l'économie française. Il pense aussi que la croissance économique améliorera les conditions de vie d'une majorité de Français tout en leur faisant accepter un régime politique autoritaire.

II La modernisation de l'économie

1 Le développement du crédit et du commerce

- L'empereur soutient la création de grandes banques capables d'investir dans des entreprises modernes. En 1852, les frères Pereire fondent le Crédit mobilier qui finance des sociétés de chemins de fer et la construction immobilière. En 1864 naît la Société générale pour le développement du commerce et de l'industrie.
- Pour Napoléon III, le protectionnisme est responsable du retard industriel du pays. C'est pourquoi il signe avec l'Angleterre un traité de libre-échange (1860).

2 Le développement des communications

- La navigation à vapeur se développe. De grandes compagnies de navigation sont créées, comme la Compagnie générale transatlantique des frères Pereire, qui assure les liaisons avec l'Amérique du Nord.
- Le réseau ferroviaire compte 17 000 km de voies en 1869. La circulation de l'information s'accélère grâce au télégraphe électrique.

3 Les grands travaux

De grands travaux agricoles sont menés (plantation de pins dans les Landes). Les infrastructures portuaires (Le Havre, Marseille), sont modernisées. Des travaux d'urbanisme transforment Paris et Lyon.

III Un bilan exceptionnel

- Stimulée par l'augmentation des prix, la constitution d'un marché national et le développement des chemins de fer, la production agricole augmente de 50 %.
- L'agriculture se diversifie pour répondre aux besoins d'une population urbaine en forte croissance (betterave à sucre, fruits, légumes, élevage). En parallèle, certaines régions se spécialisent (le Languedoc dans la viticulture).
- La production industrielle s'accélère (métallurgie, textile et chimie). Elle repose sur le développement du machinisme (filature) et l'augmentation de la demande.
- La valeur du commerce extérieur triple de 1848 à 1870. Le commerce intérieur est stimulé par les grands magasins (Le Bon Marché).

> **Mot clé**
> Le **machinisme** est l'utilisation de la force mécanique pour effectuer la production industrielle.

L'ESSENTIEL

La modernisation de l'économie française →
- développement du crédit et du commerce
- développement des moyens de communication
- grands travaux agricoles, portuaires, urbains

Des succès →
- agriculture diversifiée
- hausse de la production (agricole, industrielle)
- volume du commerce extérieur multiplié par 3

Les mutations sociales sous le Second Empire

14

☐ OK

L'industrialisation rapide du pays entraîne également son urbanisation, nourrie par l'exode rural. Pour la contrôler, des travaux d'urbanisme sont entrepris dans la capitale. Dans ce contexte, deux groupes sociaux antagonistes s'affirment : la grande bourgeoisie et la classe ouvrière.

I Une France qui s'urbanise

1 Le poids du monde rural

Durant le Second Empire, la majorité des Français sont des paysans (68 % de la population totale en 1872). Si la vie reste dure à la campagne, le monde paysan soutient le régime pour sa politique économique.

2 Le début de l'urbanisation

- En 1851, 22 % des Français vivent en ville ; ils sont 32 % en 1872 à cause de l'exode rural.
- En effet, l'industrialisation nécessite une main-d'œuvre abondante que lui fournissent des campagnes où l'agriculture fait difficilement vivre une population pléthorique (Massif central, Pyrénées, Alpes).

Mot clé

L'**exode rural** est le départ définitif des habitants des campagnes vers les villes.

3 La naissance d'un urbanisme moderne

- Jusqu'au milieu du XIXe siècle, Paris est une ville surpeuplée à la croissance anarchique. À l'instar de Londres, sa grande rivale, Napoléon veut en faire une ville saine, fonctionnelle, belle et sûre. C'est pourquoi il charge le baron Haussmann, préfet de la Seine de 1853 à 1869, de mener de grands travaux dans la capitale.
- Haussmann fait détruire des quartiers vétustes pour y construire des immeubles homogènes. Les rues étroites et sinueuses sont remplacées par de larges avenues. Un réseau d'égouts est créé ; des espaces verts sont aménagés (squares, parcs et bois) ; de nombreux édifices sont construits (mairies, écoles, casernes).
- Ces travaux favorisent la ségrégation sociale entre un centre transformé où vit la bourgeoisie et des quartiers périphériques où s'entassent les familles ouvrières.

II L'affirmation de la bourgeoisie et du monde ouvrier

1 L'âge d'or de la bourgeoisie

- La haute bourgeoisie profite de la prospérité économique. De véritables **dynasties industrielles** (les Schneider au Creusot, les Wendel en Lorraine) et **bancaires** (les Pereire à Paris) se constituent. Face à l'État et aux ouvriers, Ils défendent leurs intérêts en créant des organisations patronales (le **Comité des forges** en 1864).
- La haute bourgeoisie mène une vie luxueuse. Elle construit des hôtels particuliers, s'entoure d'une domesticité nombreuse, donne de fastueuses réceptions.

2 L'affirmation de la classe ouvrière

- Avec l'industrialisation, les ouvriers sont de plus en plus nombreux. Mais leurs **conditions de travail** restent misérables : salaires faibles, journée de travail très longue, habitat souvent insalubre.
- Auteur en 1844 d'un ouvrage de réflexion sociale, *L'Extinction du paupérisme*, **Napoléon III veut rallier les ouvriers au régime**, tout en les contrôlant. Une loi de 1854 les oblige à posséder un livret renseigné par le patron. En même temps, l'empereur encourage les industriels à construire des logements ouvriers.
- En 1864, il leur accorde le **droit de grève**. Mais ils ne se rallient pas au régime trop lié à leur goût à la bourgeoisie d'affaires. Ils soutiennent plutôt les républicains comme lors des élections de 1869.

L'ESSENTIEL

L'urbanisation de la France →
- début de l'exode rural
- industrialisation (besoin de main-d'œuvre)
- début des grands travaux haussmanniens
- ségrégation sociale

L'affirmation de deux classes sociales →
- la bourgeoisie
- les ouvriers

La France et l'unité italienne

15

☐ OK

Napoléon III entend remettre en cause les traités de 1815 qui ont réduit la place de la France en Europe. Pour ce faire, il soutient les nationalités face aux dominations étrangères, notamment en Italie.

I L'Italie au milieu du XIXe siècle

- Au lendemain du printemps des peuples, les Italiens restent divisés en huit États. ▶ FICHE 6 L'Empire d'Autriche-Hongrie occupe la Lombardie-Vénétie.
- Le royaume de Piémont-Sardaigne se présente comme le champion de l'unité italienne contre l'Autriche. Dirigé par Victor-Emmanuel II et Cavour, c'est la seule monarchie constitutionnelle de la région.
- Les deux hommes en font un État moderne. Ils mettent sur pied une armée nombreuse et bien équipée, mais qui pèse peu face à la puissante armée autrichienne. Cavour recherche donc et obtient, en 1859, l'assurance d'un soutien militaire de Napoléon III en cas de conflit.

II La France, actrice de l'unité italienne (1859-1866)

1 L'unification de l'Italie du nord et du centre (1859-1860)

- En 1859, Cavour pousse l'Autriche à la guerre. La France intervient aux côtés du Piémont-Sardaigne et contribue aux victoires de Magenta puis de Solferino. L'Autriche cède la Lombardie au Piémont.
- En 1860, à la suite de soulèvements encouragés par Cavour, les États d'Italie centrale sont rattachés au Piémont. En échange de son aide, la France obtient Nice et la Savoie.

2 Le rattachement de l'Italie du Sud (1860-1861)

- En 1860, l'expédition en Sicile et en Italie du Sud de Garibaldi, patriote soutenu par Cavour, permet de chasser du pouvoir le roi de Naples. Le royaume de Naples est alors rattaché au Piémont.
- En 1861, un Parlement réuni à Turin proclame Victor Emmanuel II roi d'Italie. Mais l'unité italienne est inachevée : Rome et sa région restent sous souveraineté pontificale ; la Vénétie aux mains des Autrichiens.

3 Le rattachement de la Vénétie

- À l'aube d'une guerre entre l'Autriche et la Prusse, Napoléon III demande au chancelier prussien Bismarck d'accepter l'alliance de l'Italie et de lui accorder la Vénétie, en cas de victoire.
- La guerre austro-prussienne débute en 1866. Elle est marquée par de graves défaites italiennes face à l'Autriche. Mais grâce à la victoire de la Prusse, Napoléon III oblige l'Autriche à céder la Vénétie à l'Italie.

III La France, obstacle à l'unité italienne (1867-1870)

1 L'épineuse question romaine

- Pour conserver l'appui de l'Église, Napoléon III exige du Piémont que le pape reste maître des États pontificaux défendus par une armée française.
- Pour les patriotes italiens, Rome doit être la capitale de l'Italie unifiée.

Mot clé

Les **États pontificaux** sont les États dirigés par le pape et ayant pour capitale la ville de Rome.

2 La France devant le fait accompli

- En 1867, la France intervient dans le Latium pour empêcher des troupes de Garibaldi de se rendre maîtres de Rome. Les troupes françaises écrasent celles des patriotes italiens à Mentana. Ces derniers se sentent trahis.
- En 1870, la France alors en guerre contre la Prusse rappelle ses troupes stationnées à Rome. Les Italiens en profitent pour prendre possession des États pontificaux. L'unité italienne est alors achevée avec Rome pour capitale.

L'ESSENTIEL

La France face à l'unité italienne

Un soutien (1859-1866)
- Italie du Nord et du centre
- Italie du Sud
- Vénétie

Un obstacle (1867-1870)
- la question romaine
- présence puis retrait de troupes françaises

La France et l'unité allemande

16

☐ OK

D'abord soutenue par Napoléon III au nom du principe des nationalités, la construction de l'unité allemande, menée par le chancelier Bismarck, rend bientôt inévitable un affrontement avec la France.

I L'Allemagne au milieu du XIXe siècle

- En 1850, les Allemands vivent dans trente-neuf États, dominés par l'Autriche, à la tête d'une Confédération germanique, et la Prusse.
- L'empereur d'Autriche François-Joseph Ier souhaite maintenir l'équilibre européen du congrès de Vienne (1815). ▶ FICHE 6 Au contraire, le roi de Prusse Guillaume Ier et son chancelier Bismarck veulent le remettre en cause en réalisant l'unité des Allemands.
- De 1850 à 1862, la Prusse connaît un remarquable essor économique. Il s'appuie sur le *Zollverein*, une industrie puissante et un réseau ferroviaire dense.
- Son armée, réorganisée, nombreuse et bien équipée, devient l'une des plus puissantes d'Europe.

Mot clé

Le ***Zollverein*** est une union douanière et économique entre les États allemands, à l'exception de l'Autriche.

II La France, d'abord soutien... (1862-1866)

- Napoléon III, défenseur du principe des nationalités, entend réviser les traités issus du congrès de Vienne. L'Autriche lui apparaît comme un obstacle à ce projet.
- Bismarck considère l'Autriche comme une entrave à la réalisation de l'unité allemande. Il s'appuie donc sur la France pour l'affaiblir : ainsi en 1865, il s'assure de la neutralité française sur la question des duchés en échange de quelques compensations.
- En 1866, à la suite d'une provocation du gouvernement prussien, la guerre s'engage entre la Prusse et l'Autriche, soutenue par les États allemands. Après sa défaite à Sadowa, l'empereur François-Joseph doit se plier aux conditions des vainqueurs. Napoléon III joue les médiateurs pour préserver l'indépendance des États d'Allemagne du Sud.

- La **paix de Prague** (1866) permet à la Prusse de s'étendre et de prendre la tête d'une **confédération d'Allemagne du Nord**. Les États du sud, tout en restant indépendants, signent avec Berlin des conventions prévoyant un **commandement prussien unique** en cas de guerre.

III ...puis adversaire de l'unité allemande (1867-1870)

1 De la montée des tensions à la guerre de 1870

- Après Sadowa, Napoléon III prend conscience de la dangereuse montée en puissance de la Prusse. Il réclame alors des compensations à Bismarck (la Sarre). Le chancelier ne donne pas suite à ses demandes.
- À la suite d'un différend diplomatique, Napoléon III déclare la **guerre à la Prusse** en juillet 1870. L'armée des États allemands coalisés, est plus nombreuse, mieux équipée et mieux organisée que l'armée impériale.
- L'armée française, défaite à **Sedan le 1er septembre 1870**, doit capituler ; Napoléon III est fait prisonnier. Le 4 septembre, la **République** est proclamée ; un gouvernement de Défense nationale constitué.

2 La naissance de l'Empire allemand

Les États allemands du sud acceptent d'intégrer la Confédération dirigée par la Prusse. Le 18 janvier 1871, à Versailles, **Guillaume Ier** est proclamé **empereur des Allemands**. L'unité allemande est réalisée. L'annexion de l'Alsace-Lorraine en mai 1871 parachève cette unité.

L'ESSENTIEL

La France face à l'unité allemande

Un soutien (1862-1866)
- Napoléon III : défenseur du principe des nationalités
- Napoléon III : médiateur entre la Prusse et l'Autriche

Un adversaire (1867-1870)
- montée des tensions franco-prussiennes
- guerre perdue face à la Prusse
- perte de l'Alsace-Lorraine

Quiz EXPRESS 17

Avez-vous bien révisé les fiches 11 à 16 ? On vérifie !

La France dans l'Europe des nationalités

1 La IIe République et le Second Empire

▶ FICHES 11 À 14

1. À quel régime la IIe République succède-t-elle ?

☐ **a.** la Restauration
☐ **b.** la monarchie de Juillet
☐ **c.** le Second Empire

2. La libéralisation du régime à partir de 1860 fait suite...

☐ **a.** à l'intervention militaire aux côtés des patriotes italiens.
☐ **b.** au traité de libre-échange avec l'Angleterre.
☐ **c.** à l'attentat d'Orsini.

3. De 1850 à 1870, la longueur du réseau ferroviaire français...

☐ **a.** triple.
☐ **b.** quadruple.
☐ **c.** quintuple.

4. Le développement des villes est une conséquence de...

☐ **a.** l'urbanisme. ☐ **b.** l'industrialisation. ☐ **c.** l'exode rural.

2 La France face aux unités italienne et allemande

▶ FICHES 15 ET 16

1. La victoire franco-sarde de Magenta (1859) permet au Piémont d'annexer...

☐ **a.** la Lombardie.
☐ **b.** la Vénétie.
☐ **c.** la Savoie.

2. Le *Zollverein* est une union...

☐ **a.** économique entre les États allemands.
☐ **b.** politique entre les États allemands.
☐ **c.** culturelle entre les États allemands.

CORRIGÉS

1 La IIe République et le Second Empire

1. Réponse b. La IIe République est proclamée en février 1848, à la suite de l'abdication du roi Louis-Philippe, souverain de la monarchie de Juillet.

Mot clé

L'**abdication** est le renoncement d'un souverain à l'exercice du pouvoir.

2. Réponses a et b. Napoléon III libéralise le régime après 1860 car il a perdu deux soutiens de poids : le clergé, suite à l'intervention de l'armée française aux côtés des patriotes italiens, et les industriels, suite à la signature d'un traité de libre-échange avec l'Angleterre.

3. Réponse c. De 1850 à 1870, la longueur du réseau ferroviaire français est multipliée par cinq, passant de 3 500 à 17 000 km de voies.

4. Réponses b et c. Le développement des villes se nourrit de l'exode rural, lui-même généré par l'industrialisation, phénomène majoritairement urbain.

2 La France face aux unités italienne et allemande

1. Réponse a. La victoire de Magenta permet au royaume du Piémont-Sardaigne d'annexer la Lombardie, jusque-là occupée par l'Autriche.

À noter

Malgré leur infériorité numérique, les troupes franco-sardes surprennent l'armée autrichienne à **Magenta**.

2. Réponse a. Le *Zollverein* est une union douanière entre les États allemands. Il inclut la Prusse, mais pas l'Autriche.

La France dans l'Europe des nationalités

1

Quelles sont les mesures démocratiques prises par le gouvernement provisoire en février-mars 1848 ?

▶ FICHE 11

2

Comment expliquer la faiblesse de l'opposition sous le Second Empire ?

▶ FICHE 12

3

Dans quels domaines Napoléon III modernise-t-il l'économie française ?

▶ FICHE 13

4

Pour quelles raisons Napoléon III accorde-t-il le droit de grève aux ouvriers en 1864 ?

▶ FICHE 14

5

Quelle est la situation politique des Italiens en 1850 ?

▶ FICHE 15

6

Comment expliquer la défiance des patriotes italiens vis-à-vis de la France à partir de 1867 ?

▶ FICHE 15

7

Comment se manifeste la montée en puissance de la Prusse à partir de 1850 ?

▶ FICHE 16

8

Quel est l'intérêt de la Prusse à entrer en guerre contre la France en 1870 ?

▶ FICHE 16

RÉPONSES

Efforcez-vous de répondre aux questions par vous-même avant de consulter les réponses, puis révisez régulièrement pour bien mémoriser.

1

Mesures démocratiques : En février-mars 1848, le gouvernement provisoire instaure le suffrage universel (masculin) et convoque une Assemblée constituante.

2

L'**opposition est faible** car une majorité de la population, attachée à l'ordre et à la prospérité économique, soutient le régime. En outre, les royalistes sont divisés et les républicains réprimés.

3

Napoléon III soutient le crédit (création de grandes banques) et le commerce (traité de libre-échange avec l'Angleterre), développe les communications (réseau ferroviaire) et mène une politique de grands travaux (Haussmann).

4

En 1864, **Napoléon III accorde le droit de grève** pour deux raisons : l'une, sociale (prendre en compte les revendications des ouvriers) ; l'autre, politique (les rallier au régime).

5

En 1850, les Italiens sont une nation divisée en huit États différents et dominée (au nord de la péninsule) par l'Autriche, qui possède la Lombardie et la Vénétie.

6

Après avoir contribué à la construction de l'unité italienne, en 1867 **la France** intervient militairement afin de protéger les États pontificaux. Elle **perd donc tout crédit aux yeux des patriotes italiens**.

7

À partir de 1850, **la Prusse** connaît un remarquable essor économique (production industrielle de la Ruhr) et s'affirme comme une grande puissance militaire en réorganisant et modernisant son armée.

8

En affrontant la France en 1870, **la Prusse** réalise autour d'elle l'unité des États allemands, prélude à la proclamation de l'Empire allemand en janvier 1871, suite à la défaite militaire française.

Les débuts difficiles de la IIIe République (1870-1879)

19

☐ OK

La IIIe République est proclamée le 4 septembre 1870. Née de la défaite contre la Prusse, déstabilisée par la Commune et fragilisée par les tentatives de restauration monarchiste, elle connaît des débuts difficiles. Comment la République s'impose-t-elle ?

I Le retour de la République

1 Le contexte

- En juillet 1870, Napoléon III engage la France dans une guerre contre la Prusse. L'armée française est défaite à Sedan, le 2 septembre. Le territoire est envahi et l'empereur fait prisonnier. Le Second Empire ne survit pas à ce désastre militaire. La République est proclamée le 4 septembre.
- Face à l'avancée des Prussiens, un gouvernement de Défense nationale est constitué. Gambetta veut poursuivre la guerre mais il se heurte à l'hostilité des campagnes et des modérés du gouvernement.
- Aux élections législatives du 8 février 1871, les monarchistes, favorables à la paix, l'emportent largement. Ils désignent Thiers comme chef du pouvoir exécutif.
- Au traité de Francfort, signé le 10 mai 1871, la France cède l'Alsace et une partie de la Lorraine à la Prusse. Elle doit aussi lui verser une indemnité de 5 milliards de francs.

2 La Commune de Paris, une tentative de République sociale

- Les Parisiens, éprouvés par le siège des Prussiens, refusent les négociations de paix. Le 18 mars 1871, ouvriers et artisans s'insurgent. Ils s'installent à l'Hôtel de Ville et proclament la Commune de Paris. C'est une démocratie directe qui vise à instaurer une République sociale, dans la continuité de 1848. Le climat est insurrectionnel.

Mot clé

Une **République sociale** est un régime qui combine à la fois une démocratie libérale et une politique de réduction des inégalités sociales.

- Le gouvernement et l'Assemblée installés à Versailles envoient une armée commandée par Mac-Mahon. La reconquête de Paris s'achève par la semaine sanglante (21-28 mai 1871). Une terrible répression anéantit le mouvement ouvrier.

II Une République encore incertaine

1 Une République conservatrice

- Thiers, favorable à la monarchie au début de sa carrière, se prononce en faveur d'une République. L'Assemblée le pousse alors à la démission et élit le 24 mai 1873, le monarchiste Mac-Mahon à la présidence.

- Le gouvernement est confié au duc de Broglie, chargé de rétablir un ordre moral. La fonction publique est épurée, la liberté de la presse réduite et le Sacré-Cœur de Montmartre est bâti pour expier les « crimes » de la Commune.

Mot clé

L'**ordre moral** est une politique conservatrice. Son objectif est de rétablir des valeurs d'ordre et de hiérarchie, en s'appuyant sur l'Église catholique et l'armée.

2 Les progrès républicains

- Les monarchistes sont divisés. Le comte de Chambord est discrédité par son refus des principes de 1789 et son attachement au drapeau blanc.

- En 1875, trois nouvelles lois constitutionnelles établissent une République parlementaire où le président de la République dispose de pouvoirs étendus.

- Pour enrayer la progression du sentiment républicain, Mac-Mahon pousse le président du Conseil, Jules Simon, à démissionner. Il prononce ensuite la dissolution de la Chambre des députés.

- Cependant, une nouvelle majorité républicaine est élue à l'Assemblée. Puis en 1879, le Sénat devient républicain. Mac-Mahon démissionne. Il est remplacé par le républicain Jules Grévy. La République est victorieuse.

L'ESSENTIEL

Les débuts difficiles de la IIIe République

La Commune de Paris
- république sociale et laïque
- démocratie directe
- guerre civile

Les progrès des Républicains
- monarchistes puissants mais divisés
- lois constitutionnelles de 1875
- victoires électorales des Républicains

L'installation de la République

20

☐ OK

Les Républicains au pouvoir à partir de 1879 se qualifient eux-mêmes d'opportunistes. Ce sont des modérés qui veulent rallier les paysans et la bourgeoisie à la République. Ils s'opposent à une droite royaliste et à une gauche radicale voire socialiste. Comment consolident-ils la République ?

I L'affirmation des libertés fondamentales

1 De nouvelles libertés collectives

- La République est associée au rétablissement des libertés fondamentales que le Second Empire avait supprimées. Les Républicains souhaitent consolider la démocratie libérale.
- Les lois de 1881 élargissent les libertés publiques : la liberté de réunion et de la presse sont rétablies.
- En 1884, la loi Waldeck-Rousseau autorise les syndicats, accordant ainsi au monde ouvrier la possibilité légale de s'organiser et de défendre ses intérêts.

Mot clé

La **démocratie libérale** est un régime politique associant le principe d'égalité (démocratie) et celui de liberté (libéralisme). L'État doit garantir la liberté du citoyen, avant de chercher à réduire les inégalités sociales.

- La loi de 1901 institue la liberté d'association. Elle permet le développement des partis politiques qui visent à la conquête du pouvoir par les élections. La presse politique diffuse leurs idées.

2 Des libertés locales rétablies

- La loi municipale de 1882 restaure l'élection du maire et de ses adjoints par le conseil municipal. Paris conserve un statut à part, sous l'autorité du gouvernement.
- Les libertés publiques et le suffrage universel font du maire et du député les principaux personnages politiques. Le député défend les intérêts de sa circonscription auprès des ministères.
- Le débat démocratique gagne les campagnes grâce au développement du chemin de fer et à l'essor de la presse (*Le Petit Journal* : 700 000 exemplaires dès 1882).

II L'unification de la nation

1 L'école et l'armée, piliers de la République

- Un service militaire universel de trois ans est établi en 1889. C'est une armée de masse qui se met en place.
- Les Républicains accordent la plus grande importance à l'enseignement. Jules Ferry modifie les programmes scolaires et établit dans les départements des écoles normales pour former des instituteurs (1879). Tous ces progrès visent à diffuser l'instruction, former des citoyens et propager les valeurs républicaines lors des leçons de morale.
- Ferry rend l'enseignement public gratuit (1881), obligatoire de six à treize ans et laïc (1882). La loi Camille Sée (1880) met en place un enseignement secondaire féminin.

Mot clé

Selon le principe de **laïcité**, toute influence et tout signe d'appartenance religieuse sont exclus de l'enseignement public, de l'administration et de l'exercice du pouvoir politique.

2 Les symboles de la République

- Le souvenir de la Révolution est honoré. La *Marseillaise* redevient hymne national et le 14 juillet est institué fête nationale. La Chambre des députés et le Sénat sont transférés à Paris. Dans les mairies et sur les places des villages sont installés des statues et bustes de Marianne.
- À l'occasion des funérailles de personnalités républicaines sont organisées d'imposantes cérémonies populaires, comme pour Victor Hugo ou Louis Pasteur.
- Les expositions universelles de 1878, 1889 et 1900 sont l'occasion de célébrer dans un même mouvement le progrès technique et la République.

L'ESSENTIEL

Affirmation des libertés fondamentales
- liberté de réunion
- liberté de la presse
- autorisation des syndicats
- liberté d'association

← **Installation et consolidation de la République** →

Unification de la nation
- enseignement public gratuit, obligatoire et laïc
- service militaire obligatoire
- symbolique républicaine : *Marseillaise*, 14 Juillet, Marianne

La République entre contestations et enracinement

21

☐ OK

Dans un contexte de difficultés économiques et de scandales politiques, la République doit affronter de fortes oppositions et de nombreuses crises. Comment les Républicains parviennent-ils à consolider le régime alors même qu'il est contesté ?

I La République contestée

1 La droite combat la République parlementaire

- Les années 1885-1889 sont marquées par des scandales politiques dans un contexte de crise sociale. Les Républicains sont discrédités, l'antiparlementarisme se développe dans l'opinion.

> **Mot clé**
>
> L'**antiparlementarisme** désigne l'opposition au régime parlementaire, considéré comme favorisant la corruption et l'instabilité ministérielle.

- Le général Boulanger rassemble une coalition de mécontents, il réclame une révision de la Constitution et l'instauration d'un pouvoir exécutif fort.
- Un courant nationaliste s'est développé. L'Action française de Charles Maurras attire de jeunes militants et des intellectuels qui souhaitent un retour à la monarchie.

2 La gauche attaque une République « bourgeoise »

L'antiparlementarisme est relancé avec le scandale de Panama (1892). Les anarchistes prônent l'action directe : une bombe est jetée à l'Assemblée nationale en 1893 et le président Sadi Carnot est assassiné en 1894. Le gouvernement répond à ces actes par des lois répressives qualifiées de « scélérates » par l'opposition.

II L'affaire Dreyfus, une épreuve pour la République

1 Une affaire d'espionnage, une erreur judiciaire

En 1894, le capitaine Dreyfus, est accusé d'avoir livré des secrets militaires à l'Allemagne. Il est condamné à la prison à vie et déporté au bagne de Cayenne. En 1896, son innocence est prouvée. Mais, l'armée, au nom de la raison d'État, refuse la révision du procès.

2 Des Français divisés

- En 1898, Zola publie l'article « J'accuse » dans *L'Aurore*. L'opinion publique est divisée. Les **dreyfusards**, issus surtout de la gauche, défendent les droits de l'individu et se rassemblent dans la Ligue des droits de l'homme.
- Face aux **antidreyfusards**, largement antisémites et nationalistes, un gouvernement de « défense républicaine » dirigé par Waldeck-Rousseau se met en place en 1899. Dreyfus est gracié puis réhabilité en 1906.

III La République enracinée

1 La séparation des Églises et l'État

- Un Bloc des gauches (socialistes et radicaux) arrive au pouvoir en 1902. Les radicaux sont attachés à la propriété individuelle, aux intérêts des classes moyennes et se montrent hostiles à l'Église catholique.
- La **loi du 9 décembre 1905** met fin au Concordat de 1801. ▶ FICHE 4 La loi garantit la liberté de conscience et de culte. Les biens d'Église doivent être attribués à des associations cultuelles. Leurs **inventaires**, commencés en 1906, suscitent une flambée de violences.

2 La question sociale

- Autour de **Jean Jaurès**, les socialistes se rassemblent en 1905 dans une force unique, la **SFIO**. Ils réclament une République sociale. Le syndicat révolutionnaire **CGT** est fondé en 1895 afin de donner le pouvoir au prolétariat.
- Face aux revendications ouvrières, **Georges Clemenceau**, président du Conseil de 1906 à 1909, brise les **grèves**. Mais des réformes sociales sont votées : repos hebdomadaire, retraite ouvrière, impôt sur le revenu.

L'ESSENTIEL

Une République contestée et déstabilisée →
- nationalisme (crise boulangiste, 1887-1889)
- antiparlementarisme (scandale de Panama, 1892)
- anarchisme (attentats, 1893-1894)
- affaire Dreyfus (1894-1906)

Une République enracinée →
- organisation des partis politiques
- loi de séparation des Églises et de l'État (1905)
- réformes sociales mais lutte contre les grèves

Une société française transformée

22

☐ OK

Cette période que les Français qualifièrent *a posteriori* de « Belle Époque » apparaissait alors comme synonyme de prospérité. Les Français étaient unis dans la célébration du progrès. Comment la société française s'est-elle transformée sous la IIIe République ?

I L'industrialisation et les progrès techniques

1 Une période de croissance économique

À partir de 1895, l'économie connaît une période de croissance. La seconde révolution industrielle permet de nombreux progrès. L'électricité change la vie quotidienne. La France domine dans des secteurs pionniers comme l'automobile et le cinéma.

2 À la conquête des nouvelles techniques

Les Français s'enthousiasment pour la naissance de l'aviation : Louis Blériot traverse la Manche (1909). Les progrès techniques se voient aussi à Paris : inauguration de la tour Eiffel (1889) et de la première ligne de métro (1900). Le succès des expositions universelles (1889 et 1900) manifeste le rayonnement mondial de la France.

II Une population entre déclin et renouveau

1 La situation démographique de la France

La France, amputée de l'Alsace et de la Lorraine, compte près de 40 millions d'habitants en 1914. Le pays est marqué par le malthusianisme. Son taux de natalité est le plus bas d'Europe. Certains s'inquiètent pour la puissance économique et militaire du pays et appellent à un réflexe nataliste.

Mot clé

Selon le **malthusianisme** (de Robert Malthus, 1766-1864), l'augmentation trop rapide de la population, par rapport à celle des moyens de subsistance, rend nécessaire la limitation des naissances.

2 L'immigration et la place des étrangers

L'immigration apparaît comme une solution face au déclin démographique. La loi de 1889 l'encourage en établissant le droit du sol. La France compte plus d'un million d'immigrés (Belges, Italiens...) en 1914. Cet afflux provoque des réflexes xénophobes, en particulier par les ouvriers, qui leur reprochent d'accepter de bas salaires.

III Les mobilités géographiques et sociales

1 L'exode rural

Les campagnes sont désenclavées par le développement des transports, le service militaire, l'école et la presse quotidienne. La ville fascine et encourage l'exode rural.

2 La bourgeoisie et les classes moyennes

- Les valeurs de la bourgeoisie sont devenues les valeurs dominantes d'une société qui croit à la réussite par le travail, l'épargne et l'éducation.
- Les familles de la grande bourgeoisie s'allient à celle de la noblesse. Cette haute société mène un train de vie somptueux, influence l'opinion publique et les responsables politiques.
- La bourgeoisie est un modèle à atteindre pour les classes moyennes (fonctionnaires, employés et travailleurs indépendants) qui rêvent d'ascension sociale. Ces couches nouvelles, formées par l'école républicaine, sont l'assise du régime.

L'ESSENTIEL

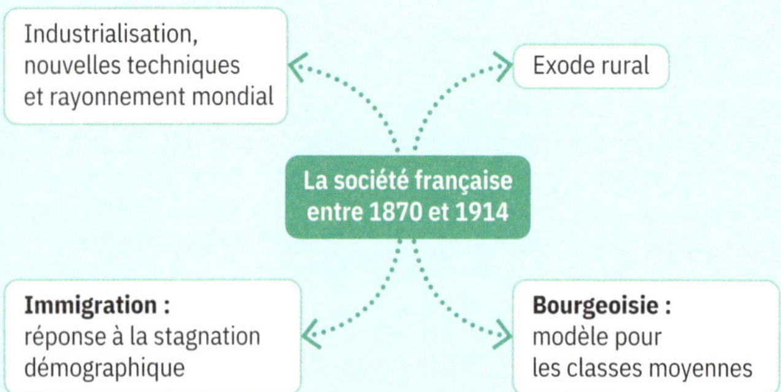

Les limites à l'intégration républicaine

23

☐ OK

Les Républicains au pouvoir ont cherché à réduire les inégalités sociales. Pourtant la cohésion nationale est inachevée en 1914. Quelles inégalités et tensions demeurent dans la société française ?

I L'évolution de la place des femmes

1 Le travail féminin

- La société française reste patriarcale. Une femme est d'abord une épouse et une mère. Ouvrières dans l'industrie textile, les femmes s'orientent peu à peu vers le tertiaire.
- Les femmes commencent à accéder aux diplômes supérieurs et aux métiers réservés aux hommes. En 1906, Marie Curie est la première femme à enseigner à la Sorbonne. Cependant, les salaires féminins sont inférieurs de 50 % aux salaires masculins en 1913.

2 Le mouvement féministe

Hubertine Auclert et Marguerite Durand revendiquent des droits civils et le droit de vote. Ce sont les suffragettes. Madeleine Pelletier plaide en faveur d'une réelle égalité des sexes mais reste marginale. Une majorité d'hommes refuse de leur accorder le droit de vote.

II Les difficultés du monde rural

1 Le modèle rural français

- La paysannerie représente 55 % de la population en 1911. La petite propriété paysanne apparaît comme le modèle économique et social.
- Les républicains ont veillé à se rallier les campagnes. La paysannerie apprécie la stabilité économique et politique, les progrès sociaux.
- L'agriculture est protégée de la concurrence étrangère par les tarifs protectionnistes (1892).

Mot clé

La politique **protectionniste** consiste à protéger l'économie d'un pays contre la concurrence étrangère au moyen de mesures tarifaires (droits de douane) et non tarifaires (quotas, subventions...).

2 Les mutations dans les campagnes

- Le Nord connaît une certaine modernisation. Le Sud et l'Ouest conservent des pratiques agraires traditionnelles avec des rendements faibles. Les conditions de vie et de travail des ouvriers agricoles restent très difficiles. Ils sont nombreux à migrer vers la ville.
- En 1907, dans le Languedoc, une crise de surproduction viticole entraîne une violente révolte, réprimée par le gouvernement.

III La question ouvrière et le mouvement ouvrier

1 Des conditions de vie difficiles

- Un prolétariat se développe avec des ouvriers non qualifiés, travaillant en usine. Une conscience de classe naît d'un sentiment d'exploitation et de conditions de vie précaires. Elle entraîne la formation de syndicats et des grèves.
- Les revenus progressent lentement et donnent accès à une nourriture plus variée, des divertissements, des logements plus sains, en banlieue notamment.

2 La question sociale

- À partir de 1904, la France connaît une vague de grèves sans précédent. Elles font parfois suite à des catastrophes (explosion de la mine de Courrières, plus de 1 000 morts, 1906). Les réformes sociales restent timides : lois sur les retraites, congé hebdomadaire en 1906. Les conditions de sécurité s'améliorent (loi de 1898 sur les accidents de travail).
- Des patrons pratiquent une politique paternaliste et garantissent aux ouvriers des logements (Schneider, patron des usines métallurgiques du Creusot).

L'ESSENTIEL

Les inégalités et les tensions dans la société française

- → Société patriarcale
- → Population essentiellement rurale en mutation
- → Ouvriers de plus en plus nombreux et « question sociale »

Les causes de l'expansion coloniale

24

☐ OK

L'expansion coloniale se développe à partir de 1880, lorsque les républicains opportunistes sont au pouvoir. Quels sont les fondements et les acteurs de l'expansion coloniale française ?

I Des motivations politiques et économiques

1 Des fondements politiques

- En France, l'expansion outre-mer est un moyen d'effacer l'humiliation de la défaite de 1870 contre la Prusse.
- La politique coloniale de Gambetta et de Ferry témoigne de la hantise du déclin, de l'obsession du rang mondial de la France qui est au cœur du nationalisme depuis 1871.

2 Un contexte économique favorable

- Dans la seconde moitié du XIXe siècle, la domination économique de l'Europe s'accentue grâce à l'essor de la révolution industrielle. En 1914, la moitié de la production industrielle mondiale vient d'Europe ainsi que les deux tiers des échanges. Cette domination est liée à une supériorité technique et scientifique.
- Les États européens en proie aux difficultés économiques liées à la Grande Dépression (1873-1896) recherchent des matières premières et des débouchés. Les économies sont alors favorables au libre-échange.

II Démographie, intérêt scientifique et « devoir moral »

1 Des raisons démographiques et scientifiques

- En 1914, l'Europe représente le quart de la population mondiale. Une forte fécondité liée à la transition démographique pousse les Européens à quitter le continent. La France est moins touchée par ce phénomène.
- Les sociétés de géographie financent des expéditions. Les scientifiques s'intéressent à la découverte de territoires jusque-là inconnus. Savorgnan de Brazza, officier et explorateur français, mène trois expéditions en Afrique.

2 La bonne conscience de « l'homme blanc »

- Les Européens sont convaincus de leur **mission civilisatrice**. C'est le « fardeau de l'homme blanc » dont parle le poète britannique Kipling.
- L'Église connaît une intense activité **missionnaire** en Afrique alors que son emprise diminue sur les sociétés européennes.

III Le débat colonial

1 Convaincre l'opinion politique

- De puissants **groupes de pression** se forment, comme le **parti colonial**. Ils rassemblent des députés de gauche et de droite, des industriels et des hommes d'Église pour soutenir la colonisation.
- L'opposition à la colonisation est alors le fait de la **droite nationaliste** et des **radicaux** comme Georges Clemenceau qui redoutent que l'expansion coloniale détourne la France de la revanche.
- Les **milieux politiques** se rallient à partir de 1890. Les socialistes eux-mêmes admettent la validité d'une colonisation apportant les bienfaits de la civilisation.

2 Convaincre l'opinion publique

- Les groupes de pression cherchent à convaincre l'opinion. L'**Exposition universelle** de Paris en 1889 met en valeur l'empire colonial.
- Après 1890, l'opinion publique accepte l'expansion coloniale par **nationalisme** et **patriotisme** ou dans une certaine indifférence teintée de curiosité.

L'ESSENTIEL

Les causes de l'expansion coloniale

- **Politiques :** effacer la défaite de 1870
- **Scientifiques :** explorer de nouveaux territoires
- **Économiques :** stimuler l'industrie nationale
- **Religieuses :** évangéliser les populations
- **Morales :** assumer une « mission civilisatrice »

La constitution d'empires coloniaux

25

☐ OK

En 1914, la France possède le second empire colonial, derrière la Grande-Bretagne. D'une superficie de 10 millions de km² et regroupant 55 millions d'habitants, il s'étend sur tous les continents.

I Les étapes de l'expansion coloniale

1 L'empire colonial français en 1870

- Au milieu du XIXe siècle, la colonisation marque un temps d'arrêt. L'esclavage et la traite négrière sont abolis, ce qui entrave l'économie de plantation. La conquête de l'Algérie amorcée en 1830 est décidée sans enthousiasme et se heurte aux réticences de l'opinion.
- Sous le Second Empire, les Français renforcent leur présence en Afrique de l'Ouest (Sénégal, 1854), dans le Pacifique (Nouvelle-Calédonie, 1853) et en Asie (Cochinchine, 1862).

2 La « course aux colonies »

- La possession de l'Algérie amène la France à achever la conquête du Maghreb : la Tunisie en 1881, aux dépens de l'Italie, et au Maroc en 1912.
- Brazza (1875-1884) prend possession des territoires situés sur la rive droite du Congo. Le Soudan, le Dahomey et Madagascar sont conquis à la fin du siècle.
- En Extrême-Orient, sous l'impulsion de Jules Ferry, la France s'installe au Tonkin. En 1885, l'Indochine est sous souveraineté française.

II Impérialisme et tensions internationales

- L'impérialisme devient un enjeu de puissance entre États européens. La conférence de Berlin (1884-1885) tente d'organiser le partage de l'Afrique et de moraliser la colonisation. Ce continent est presque entièrement colonisé en 1914.

Mot clé

Au XIXe siècle, l'**impérialisme** qualifie la domination culturelle, politique, économique et militaire exercée par les nations industrialisées.

- L'essor colonial engendre des rivalités. En 1898, Français et Anglais s'opposent à Fachoda, pour l'occupation du Soudan. Face à un risque de guerre, la France abandonne ses prétentions sur le bassin du Nil.

- L'empereur Guillaume II veut empêcher les Français d'étendre leur influence au Maroc. À la suite des crises de Tanger (1905-1906) et d'Agadir (1911), le Maroc revient à la France. En échange, des territoires français sont accordés à l'Allemagne en Afrique centrale.

III Une domination aux modalités diverses

1 Les formes d'administration

- La plupart des territoires sont des colonies d'exploitation : Afrique occidentale (AOF) et équatoriale (AEF). Placées sous la souveraineté française, elles ne comptent qu'une faible population européenne.
- La République recourt au régime du protectorat (Tunisie, Maroc, Laos) en maintenant les institutions et un gouvernement autonome.

2 Assimilation ou association des peuples colonisés ?

- L'assimilation est la doctrine officielle de la IIIe République. Elle devait conduire les indigènes à adopter progressivement la langue, la culture, les valeurs de la métropole et leur permettre d'obtenir l'égalité juridique avec les citoyens français.
- La politique d'association est privilégiée par les Anglais. Elle reconnaît les particularismes des peuples soumis et cherche à les associer plus activement au développement de la colonie.

3 L'Algérie, une colonie de peuplement

L'Algérie accueille de nombreux colons européens. Beaucoup exploitent des terres comme les Alsaciens et Lorrains, arrivés après 1870. Elle est organisée en trois départements et dépend du ministère de l'Intérieur. Les colons sont représentés au Parlement.

L'ESSENTIEL

La constitution d'empires coloniaux

- Expansion sur tous les continents
- Colonies d'exploitation ou de peuplement
- Rivalités et crises internationales
- Politique d'assimilation des peuples indigènes

Le fonctionnement des sociétés coloniales

26

☐ OK

Les sociétés coloniales sont composées d'indigènes, de colons, de missionnaires, de militaires et de fonctionnaires de la métropole.
Comment fonctionnent les sociétés coloniales ?

I Des sociétés organisées par et pour la métropole

1 Des statuts sociaux hiérarchisés

- En Algérie, Arabes et Kabyles sont soumis au Code de l'indigénat (1881). En revanche, le décret Crémieux (1870) naturalise les Juifs algériens. Les étrangers européens d'Algérie sont naturalisés automatiquement dès 1889.
- Le Code de l'indigénat est généralisé à toutes les colonies françaises en 1887. Citoyens français et indigènes se mélangent très peu.

> **Mot clé**
> Le **Code de l'indigénat** établit un statut d'infériorité des indigènes : restriction des libertés individuelles, travail forcé et impôts particuliers.

2 Une mise en valeur au profit de la métropole

- Les colonies fournissent des produits tropicaux ou miniers (caoutchouc, fer, cuivre) et sont aussi des débouchés pour l'industrie.
- La France investit moins que la Grande-Bretagne dans son empire. Les nouvelles infrastructures permettent l'exportation des produits coloniaux.
- En Algérie, la mise en valeur se réalise grâce à une forte présence européenne et à des investissements massifs. Des régions marécageuses comme la Mitidja sont asséchées. Des cultures nouvelles sont introduites (vigne, agrumes).

II La mission « civilisatrice » de la France

1 L'action éducative et sociale

- La métropole développe un réseau d'écoles primaires, mais seule une minorité d'indigènes accède à l'enseignement secondaire. L'acculturation ne touche qu'une élite.

- La **situation sanitaire** s'améliore par la lutte contre les maladies tropicales. En 1891, **Calmette** crée à Saigon le premier institut Pasteur d'outre-mer.

2 Le développement urbain

La présence coloniale favorise le développement urbain. L'**urbanisme** est occidental (plan à damier). La ville s'organise autour de ses **bâtiments administratifs** et de l'**activité commerciale**, comme à Saigon. La **ségrégation raciale** y est souvent marquée.

3 Les Français et leur empire

- Les Français de métropole connaissent très mal les cultures de leur empire. Ceci étant, certains artistes puisent leur inspiration dans la découverte de l'art africain (Picasso) ou des paysages et modes de vie exotiques (Gauguin).
- Le **sentiment de supériorité occidentale** alimente nombre de clichés.

III Contestations et résistances

- Les Français se heurtent à des **résistances** dont ils triomphent grâce à leur supériorité technique et stratégique, et à l'enrôlement de soldats indigènes.
- Les critiques viennent du travail forcé, des cultures obligatoires destinées à l'exportation, des réquisitions. Le régime de l'indigénat cristallise les mécontentements et entraîne la **grande révolte de Kabylie** en 1871.
- En **Indochine**, l'opposition est vive au début du siècle. Les mouvements sont animés par la bourgeoisie et des éléments populaires.

L'ESSENTIEL

Le fonctionnement des sociétés coloniales
- Ségrégation sociale
- Exploitation des territoires et des hommes
- Missions scientifiques et progrès sanitaires
- Acculturation des élites et résistances locales
- Influence artistique et racisme en métropole

Quiz EXPRESS 27

Avez-vous bien révisé les fiches 19 à 26 ? On vérifie !

La IIIe République avant 1914

1 Le projet républicain et la société française (1870-1914)

FICHES 19 À 23

1. Qui sont les principaux acteurs de la Commune de Paris ?

☐ **a.** les bourgeois et les militaires

☐ **b.** les commerçants et les petits-bourgeois

☐ **c.** les ouvriers et les artisans

2. Avec Jules Ferry, l'école primaire devient…

☐ **a.** gratuite et obligatoire. ☐ **b.** laïque. ☐ **c.** mixte et athée.

3. Fondé en 1895, ce syndicat révolutionnaire appelle à la lutte des classes à la Belle Époque.

☐ **a.** la SFIO ☐ **b.** la CGT ☐ **c.** FO

4. À la Belle Époque, les immigrés sont majoritairement originaires…

☐ **a.** du Maroc. ☐ **b.** de l'Italie. ☐ **c.** de la Belgique.

5. Quelle est la part des ruraux dans la France de la Belle Époque ?

☐ **a.** 35 % ☐ **b.** 55 % ☐ **c.** 75 %

2 Métropoles et colonies

FICHES 24 À 26

1. Sous quel régime l'expansion coloniale est-elle la plus importante ?

☐ **a.** sous la IIe République

☐ **b.** sous le Second Empire

☐ **c.** sous la IIIe République

2. Quel territoire est colonisé par la France en Asie de l'Est ?

☐ **a.** l'Indochine ☐ **b.** la Chine ☐ **c.** l'Inde

3. En quelle année le Code de l'indigénat est-il généralisé à toutes les colonies françaises ?

☐ **a.** 1877 ☐ **b.** 1887 ☐ **c.** 1907

CORRIGÉS

1 Le projet républicain et la société française (1870-1914)

1. **Réponse c.** La Commune de Paris (mars-mai 1871) est un mouvement populaire souhaitant des réformes sociales.

2. **Réponses a et b.** Jules Ferry rend l'enseignement public gratuit (1881), obligatoire pour les enfants de six à treize ans et laïc (1882).

> **Mini bio**
> Deux fois président du Conseil (1880-1881 et 1883-1885), **Jules Ferry** établit le protectorat sur la Tunisie puis lance la conquête du Tonkin (nord du Vietnam).

3. **Réponse b.** La Confédération générale du travail appelle à la grève générale. Elle affirme son indépendance à l'égard des partis politiques comme la SFIO.

4. **Réponses b et c.** À la Belle Époque, les immigrés sont majoritairement originaires de la Belgique et de l'Italie. C'est une migration de proximité.

5. **Réponse b.** Le poids de la paysannerie est considérable avec 55 % de ruraux en 1911.

2 Métropoles et colonies

1. **Réponse c.** L'expansion coloniale est très importante sous la IIIe République. L'Empire passe de 1 million de km^2 en 1870 à 10 millions en 1914.

2. **Réponse a.** La France a colonisé l'Indochine. Ce territoire est composé du Tonkin, du Laos, de l'Annam, du Cambodge et de la Cochinchine.

3. **Réponse b.** Le Code de l'indigénat, mis en place en Algérie en 1881, est généralisé à toutes les colonies en 1887.

FLASHCARDS

Mémorisez les idées clés des fiches 19 à 26

28

La IIIe République avant 1914

1

Dans quel contexte est proclamée la IIIe République ?

FICHE 19

2

Quels sont les symboles de la République ?

FICHE 20

3

Pourquoi l'affaire Dreyfus est-elle une épreuve pour la République ?

FICHE 21

4

Pourquoi la croissance démographique française est-elle ralentie ?

FICHE 22

5

Quelle est la place des femmes à la Belle Époque ?

FICHE 23

6

Qu'est-ce qui distingue un protectorat d'une colonie d'exploitation ?

FICHE 25

7

Quand se déroule la conférence de Berlin et quel est son objectif ?

FICHE 25

8

Pourquoi Saigon est-elle une ville coloniale ?

FICHE 26

RÉPONSES

Efforcez-vous de répondre aux questions par vous-même avant de consulter les réponses, puis révisez régulièrement pour bien mémoriser.

1

La **IIIe République est proclamée** alors que la France est en guerre contre la Prusse. L'armée est défaite, Napoléon III prisonnier et le territoire envahi.

2

Les **symboles républicains** font référence à la Révolution française :
- la *Marseillaise* est l'hymne national
- le 14 juillet est fête nationale
- Marianne est l'allégorie de la République

3

L'**affaire Dreyfus** : la condamnation d'un innocent bafoue les droits individuels au nom de la raison d'État. Les Français sont divisés. Les antidreyfusards, largement antisémites, remettent en cause la tolérance.

4

La baisse de la mortalité est lente et la natalité baisse constamment. La population vieillit. La **faible croissance de la population** provient en partie de l'arrivée d'étrangers.

5

Si **à la Belle Époque, la place des femmes** reste traditionnelle (au foyer et droits civils et civiques différents des hommes), elles sont de plus en plus nombreuses à travailler.

6

- Un **protectorat** est un territoire dépendant d'une métropole, mais qui possède ses propres institutions et un gouvernement autonome.
- Une **colonie** est un territoire entièrement placé sous la souveraineté d'un autre État.

7

La **conférence de Berlin** (1884-1885) tente d'organiser le partage de l'Afrique et de « moraliser » la colonisation. On y définit les règles des conquêtes coloniales.

8

Saigon est aménagée comme une ville européenne : plan en damier, collège, cathédrale… La colonisation se voit aussi avec le palais du gouverneur, des casernes et un hôpital militaire.

Un embrasement mondial

29

☐ OK

Le 28 juin 1914, l'assassinat à Sarajevo de l'héritier du trône d'Autriche-Hongrie précipite les puissances européennes dans une guerre qui devient mondiale.

I Les origines de la guerre

- La Grande Guerre est le résultat de longues années de tensions :
• économiques : les pays européens sont en concurrence ;
• coloniales : en Afrique, les Européens se disputent des territoires (la France et l'Allemagne au Maroc en 1905 et 1911) ; ▶ FICHE 25
• maritimes : la Russie réclame l'internationalisation des détroits du Bosphore et des Dardanelles, contrôlés par l'Empire ottoman ;
• nationalistes : l'Autriche-Hongrie est un État multinational où cohabitent de nombreux peuples slaves, qui espèrent plus d'autonomie. En 1908, elle annexe la Bosnie-Herzégovine, convoitée par la Serbie. Les Balkans sont une « poudrière ».

- Le 28 juin 1914, l'héritier de la couronne d'Autriche-Hongrie – l'archiduc François Ferdinand – est assassiné à Sarajevo par un étudiant serbe opposé à l'annexion de la Bosnie-Herzégovine. Par le jeu d'alliances, cet événement implique tous les États européens. L'Autriche déclare la guerre à la Serbie, la Russie (alliée de la Serbie) à l'Autriche et l'Allemagne à la Russie. Début août 1914, l'Allemagne, la France et le Royaume-Uni sont en guerre.

- Les buts de guerre sont évidents : les belligérants souhaitent accroître leur puissance et repousser leurs frontières en annexant des territoires ou en reprenant des terres perdues (la France avec l'Alsace-Moselle).

II Les grandes étapes de la guerre

1 L'échec d'une guerre de mouvement

- Le conflit se déroule sur deux fronts : franco-allemand et russo-germano-autrichien. L'armée allemande entre en France le 2 août 1914 mais est stoppée sur la Marne en septembre. À l'Est, l'offensive russe est arrêtée par les Allemands à Tannenberg le 30 août. De 1915 à 1917, les fronts se stabilisent : c'est la guerre de position.

> **Mot clé**
> Dans une **guerre de position**, les soldats s'enterrent dans des tranchées et tentent de conserver les positions acquises.

- Afin d'épuiser l'ennemi, les États-majors lancent de grandes offensives : c'est une guerre d'usure. En 1916, la bataille de Verdun et la bataille de la Somme font de nombreuses victimes. ▶ FICHE 30

2 Une guerre internationale

- L'Alliance reçoit l'appui de l'Empire ottoman (fin 1914) et de la Bulgarie (1915). L'Entente obtient l'intervention de l'Italie (1915) et de la Roumanie (1917). Elle lance une offensive sur les Dardanelles (1915), qui sera un échec.
- L'Atlantique est le théâtre de torpillages de navires par la marine allemande. Les États-Unis décident alors à entrer en guerre (1917).

3 Le tournant de la guerre en 1917 et la victoire des Alliés

- À l'Est, les défaites et des révolutions de 1917 déstabilisent la Russie, qui signe le traité de Brest-Litovsk (mars 1918). À l'Ouest, les Allemands lancent des offensives afin de conclure la guerre avant l'arrivée des Américains. Ils atteignent à nouveau la Marne (mai 1918) mais ils sont repoussés par le général Foch.
- Abandonnée par ses alliés, fragilisée par des troubles révolutionnaires à Berlin, l'Allemagne accepte les conditions de l'armistice. Celui-ci est signé à Rethondes le 11 novembre.

Mot clé

Un **armistice** est un accord entre les pays belligérants mettant fin aux combats en temps de guerre.

L'ESSENTIEL

Les origines de la guerre

- concurrence entre États (commerciale, coloniale)
- nationalismes, militarisation, alliances
- attentat de Sarajevo

Les grandes étapes de la guerre

- guerre de mouvement (1914 et 1918)
- guerre de position (1915-1917)
- guerre européenne puis mondiale
- tournant de la guerre (1917)

Être soldat : la bataille de la Somme

30

☐ OK

La bataille de la Somme témoigne de la violence de l'expérience combattante de la Première Guerre mondiale et des avancées technologiques réalisées pour vaincre l'ennemi.

I La Somme : une bataille britannique

- En décembre 1915, les états-majors alliés décident d'une vaste offensive sur la Somme pour repousser les Allemands vers la Belgique. La France, contrainte d'envoyer des renforts dans la Meuse, mobilise peu de divisions, le rôle primordial revient à l'armée britannique.
- Le 24 juin 1916 commence un bombardement d'artillerie d'une ampleur jusque-là inconnue. En moins d'une semaine, plus d'un million d'obus sont tirés sur les lignes allemandes.
- Le 1er juillet, les Britanniques font exploser des mines creusées sous les lignes allemandes. Puis 100 000 fantassins britanniques, peu expérimentés et lourdement équipés se lancent lentement et en ligne sur le no man's land croyant ne trouver que des cadavres sous les tranchées ennemies bombardées. Ils sont décimés par les mitrailleuses et l'artillerie allemandes : 60 000 hommes meurent ce jour-là.

Mot clé

Le **no man's land** est l'espace séparant les premières lignes de chaque tranchée ennemie. L'intensité des combats y dévaste les paysages.

II L'expérience combattante

- Les violences du front sont connues grâce aux témoignages et récits d'après-guerre, mais aussi par les lettres que les soldats envoient à l'arrière. Mitraillés, bombardés, victimes des gaz, ils vivent dans l'horreur et la peur. Ils dorment dans la boue, souffrent du froid, des poux, des rats, de la faim et de la soif.
- L'artillerie lourde (obus), les grenades, les mitrailleuses causent de graves traumatismes corporels. La violence visuelle (camarades morts), le bruit des bombes et l'usage des gaz laissent des marques psychologiques importantes.

La bataille de la Somme constitue un tournant dans le développement de l'aéronautique militaire. Jusque-là surtout utilisée pour la reconnaissance et pour régler les tirs d'artillerie, l'aviation devient une arme offensive utilisée par l'Entente pour bombarder les lignes, comme le font déjà les Allemands. C'est également pendant cette bataille que les premiers chars sont utilisés.

Les soldats font preuve de ténacité. Leur solidarité et le sens du devoir patriotique leur permettent de supporter la contrainte de l'autorité militaire et la dureté des tranchées.

III Une bataille meurtrière

Pendant cinq mois, les assauts se succèdent et les Alliés avancent très peu. Les soldats subissent la violence anonyme des armes modernes mais la mort se donne aussi au corps à corps lors des assauts. Le 18 novembre 1916, l'offensive cesse. Les Alliés ont progressé d'environ 10 km.

Quatre millions d'hommes ont été successivement impliqués dans la bataille, venus du Canada, de Nouvelle-Zélande, d'Australie, d'Afrique du Sud et des colonies britanniques comme l'Inde.

La bataille de la Somme est l'affrontement le plus meurtrier de la Grande Guerre : les pertes totales sont estimées à 1,2 million d'hommes, dont 420 000 du côté des Britanniques. Pour ces derniers, elle demeure un véritable traumatisme dans la mémoire collective, comparable à la bataille de Verdun pour les Français.

La bataille de la Somme incarne la guerre d'usure et ses offensives meurtrières, qui apparaissent de plus en plus vaines. Certains soldats se mutinent ou désertent en 1917 malgré l'autorité militaire et l'Union sacrée.

Mot clé

Une **mutinerie** est un refus collectif d'obéir aux ordres de la hiérarchie militaire. Elle peut conduire à des sanctions très lourdes (jusqu'à la peine de mort).

L'ESSENTIEL

Les violences au front
- Conditions de vie difficiles dans les tranchées
- Combats virulents
- Nouvelles armes

Les civils, acteurs et victimes de la guerre

31

☐ OK

La guerre d'usure implique la mobilisation économique et idéologique des civils. Ceux-ci deviennent également de nouvelles cibles dans ce conflit total et ils sont victimes des violences de guerre.

I Les civils, mobilisés pour l'effort de guerre

1 La mobilisation économique des civils : le « front de l'arrière »

- La stabilisation du front à l'automne 1914 impose une forte mobilisation de la main-d'œuvre. Les civils participent alors à l'effort de guerre : dans les usines d'armement, dans les exploitations agricoles, les transports et les mines.
- Les femmes, déjà nombreuses dans les usines avant 1914, accèdent à de nouveaux secteurs (métallurgie et industrie mécanique). C'est le temps des « munitionnettes », encadrées par des ouvriers qualifiés rappelés du front.
- Les ouvriers étrangers et ceux des colonies sont mobilisés pour travailler à l'arrière (450 000 indigènes en France).
- Les civils sont sollicités par les États afin de financer la guerre. Ils placent leur épargne dans des emprunts d'État, les impôts augmentent pour rembourser d'importants emprunts extérieurs. Une économie de guerre se met en place.

> **Mot clé**
> L'**arrière** est la zone située hors des combats, où vivent les civils.

2 Les esprits mobilisés par la propagande

- Pour faire accepter aux populations une mobilisation totale, les États utilisent la propagande. Les causes de la guerre sont sans cesse rappelées aux civils, l'ennemi est systématiquement diabolisé.
- Une véritable culture de guerre s'installe partout : l'école, les journaux, les affiches diffusent la haine de l'ennemi et inculquent l'idée d'une « guerre juste ».
- Afin de maintenir le moral de l'arrière, les lettres des soldats, la presse sont censurées. Les mauvaises nouvelles sont passées sous silence. Les familles et des marraines de guerre soutiennent le moral des combattants par une correspondance régulière.

II Les civils, victimes des violences de guerre

1 Les souffrances quotidiennes

- L'occupation de nombreuses régions françaises et belges par l'armée allemande, qui **réquisitionne** les récoltes, mais aussi le **blocus continental** imposé aux empires centraux par les Alliés, entraînent le **rationnement des civils**. La **pénurie** se généralise.
- Dans les régions occupées, les civils sont parfois soumis au travail forcé dans des camps de travail, aux champs ou dans les usines.
- Toutes les industries, qui ne sont pas indispensables à la guerre voient leurs activités diminuer. Dans les usines d'armement, les cadences s'accélèrent. En 1917, la longueur de la guerre et les privations entraînent des **mouvements de grève**. Celles-ci sont à mettre en parallèle avec les **mutineries** qui éclatent sur tous les fronts entre mai et juin 1917.

> **Mot clé**
> Le **travail forcé** est une tâche accomplie sous la contrainte et la menace d'une sanction (emprisonnement, déportation d'otages pendant la Première Guerre mondiale).

2 Les civils, cibles stratégiques

- Au moment de l'**invasion du territoire par l'ennemi**, ou lors des **retraites militaires**, les civils, notamment les femmes, sont particulièrement vulnérables.
- Les bombardements sur l'arrière-front se multiplient : à partir de dirigeables en Belgique dès 1914 (les zeppelins), où grâce à des canons à longue portée (la « grosse Bertha »). Ces attaques causent de lourds dégâts et menacent les civils qui deviennent des cibles. Certaines populations sont victimes d'une volonté délibérée d'anéantissement (les Arméniens dans l'Empire ottoman). ▶ FICHE 32

L'ESSENTIEL

Le génocide des Arméniens

32

☐ OK

Les Arméniens, minorité chrétienne de l'Empire ottoman, sont victimes d'une élimination planifiée pour des motifs ethniques et religieux en 1915 et 1916.
C'est le premier génocide du XXe siècle.

I Une élimination planifiée

1 Les Arméniens dans l'Empire ottoman avant 1914

- À la fin du XIXe siècle, l'Empire ottoman compte 2 millions d'Arméniens. Non musulmans, ils ont le statut de « dhimmi » (ils paient un impôt spécifique et portent un code vestimentaire distinctif). Entre 1894 et 1896, les Arméniens sont victimes de massacres (250 000 morts) de la part des autorités ottomanes qui prônent un nationalisme musulman et voient en eux des alliés de l'Empire russe.
- En 1908, le mouvement Jeune-Turc s'installe au pouvoir à la suite d'une révolution. Inquiet d'une émancipation politique des Arméniens, l'État organise des pogroms, qui font 20 000 à 30 000 victimes à Adana en 1909.

> **Mot clé**
> Un **pogrom** (terme russe) désigne des pillages et des meurtres d'une partie de la population contre une autre.

- En novembre 1914, l'empire ottoman entre en guerre aux côtés des Empires centraux. Le Comité Union et Progrès (CUP), qui contrôle l'administration et l'armée, y voit la possibilité de construire un nouvel État-nation turc, racialement homogène : les Arméniens deviennent des « ennemis intérieurs ».

2 La planification du génocide

- À l'hiver 1914, l'armée ottomane recule face aux Russes et l'empire est envahi après la défaite de Sarikamich (janvier 1915). Les soldats multiplient alors les violences contre les chrétiens.
- En février 1915, le CUP ordonne que les Arméniens soient désarmés et affectés à l'arrière dans des bataillons de travail. Le ministre de l'Intérieur, Talaat Pacha, organise l'arrestation des élites arméniennes de Constantinople, les 24 et 25 avril 1915, 600 notables sont déportés puis assassinés. Cette rafle marque le début du génocide.

II Une élimination massive

1 Une déportation en deux temps

- Entre avril et septembre 1915, les notables puis les hommes des villes des provinces orientales de l'Empire sont arrêtés au motif d'un prétendu complot contre le gouvernement. Beaucoup sont massacrés à l'abri des regards.
- Puis, les militaires et gendarmes réunissent les femmes, les enfants et les personnes âgées pour les déporter, le plus souvent à pied, vers Alep et ensuite vers des camps de détention situés dans le désert de l'actuelle Syrie.

2 Les marches de la mort

- Les « marches de la mort » se déroulent dans des conditions épouvantables, sans vivres ni eau. À chaque halte, une partie du convoi est éliminée.
- Le gouvernement turc décide de liquider les survivants des marches de la mort, parqués dans les camps de Syrie. En juillet 1916, ils sont envoyés dans les déserts de Mésopotamie, notamment à Deir-ez-Zor où ils meurent de faim.
- Une centaine de milliers de femmes ont survécu au génocide, enlevées pour être vendues comme esclaves ou converties de force pour être mariées. La plupart des Arméniens de Constantinople ou de Smyrne n'ont pas été tués, trop en vue des Occidentaux, ni ceux des régions envahies par les troupes russes.

Mot clé

Un **génocide** est l'extermination intentionnelle et programmée de tout ou partie d'un peuple, pour des raisons ethniques ou religieuses.

L'ESSENTIEL

Le génocide des Arméniens

- **Élimination planifiée**
  - bataillons de travail
  - arrestations des élites de Constantinople
- **Élimination de masse**
  - massacres
  - déportation et « marches de la mort »

Sortir de la guerre

33

☐ OK

À l'ssue de la guerre, les traités de paix et la création de la SDN témoignent du triomphe d'un ordre des Nations démocratiques.

I Faire la paix

1 La division des vainqueurs

- La conférence de la paix s'ouvre à Paris en janvier 1919. Le « conseil des quatre » négocie la paix.
- Wilson souhaite faire adopter le principe du droit des peuples à disposer d'eux-mêmes et la fin de la diplomatie secrète alors que la France exige l'affaiblissement définitif de l'Allemagne.

Mot clé

Le **conseil des quatre** réunit les vainqueurs de la guerre :
- la France (Clemenceau)
- le Royaume-Uni (Lloyd George)
- les États-Unis (Wilson)
- l'Italie (Orlando)

2 Les traités de paix : des compromis entre les vainqueurs

- Lors du traité de Versailles (28 juin 1919), l'Allemagne est amputée de l'Alsace-Lorraine et du corridor de Dantzig ; elle perd ses colonies et doit payer des réparations. Le pays est démilitarisé ; la rive gauche du Rhin est occupée par les Français pour dix ans ; l'armée est réduite à 100 000 hommes.
- Les traités de Saint-Germain-en-Laye (10 septembre 1919) et du Trianon (4 juin 1920) réduisent l'Autriche et la Hongrie à des petits États. La Tchécoslovaquie et la Yougoslavie sont créées. L'Italie, déçue, ne reçoit que le Trentin et Trieste ainsi que Zara en Dalmatie.
- Le traité de Neuilly (27 novembre 1919) enlève la Thrace à la Bulgarie. Elle revient à la Turquie par le traité de Lausanne en 1923.
- Le traité de Sèvres (10 août 1920) confie les territoires arabes de l'Empire ottoman à la France (mandat de la SDN sur la Syrie et le Liban) et au Royaume-Uni (Transjordanie, Palestine et Irak). L'Empire s'efface au profit de la Turquie réduite au plateau anatolien.

II Imposer la paix : la société des Nations

- En janvier 1918, Wilson, dans son discours des « 14 points » évoque la nécessité de créer une assemblée générale des Nations pour préserver la paix, défendre le droit des peuples à disposer d'eux-mêmes et la sécurité collective.
- Les États membres de la Société des Nations (SDN) s'engagent à éviter la guerre. Mais la SDN ne dispose pas de moyens de contrainte et certains pays n'en sont pas membres (Russie, Allemagne, États-Unis).

III Une paix absente en Russie

- La guerre précipite la fin de l'Empire. L'armée russe perd 2 millions de soldats en trois ans, et la pénurie alimentaire provoque une première révolution populaire en février 1917, poussant le tsar Nicolas II à abdiquer.
- Un gouvernement provisoire poursuit la guerre provoquant une nouvelle révolution en octobre 1917. Les bolcheviks, dirigés par Lénine, prennent le contrôle de Petrograd en organisant un coup d'État. Ils signent le traité de Brest-Litovsk avec l'Allemagne en mars 1918.

> **Mot clé**
>
> Le parti **bolchevik** est un parti ouvrier crée en 1912. Il souhaite établir une société sans classe par une révolution immédiate.

- Une guerre civile éclate alors en Russie : les Russes blancs, fidèles au tsar et aidés par des troupes françaises et britanniques, attaquent les « Rouges ». Afin de vaincre cette coalition et les « ennemis du peuple », Lénine met en place le « communisme de guerre ». Entre 1917 et 1921, cette dictature permet la création d'une police politique et de tribunaux révolutionnaires. Les « blancs » sont vaincus, la Russie adopte le modèle communiste.

L'ESSENTIEL

Redessiner l'Europe pour faire la paix
- conseil des 4
- traités de paix

Réorganiser le monde pour imposer une paix durable
- 14 points de Wilson
- SDN

Bilan et mémoires de la Grande Guerre

34

☐ OK

La Première Guerre mondiale représente un véritable cataclysme. Elle laisse des sociétés traumatisées et endeuillées. Les États organisent alors le souvenir en construisant des lieux de mémoire.

I Le lourd bilan humain et matériel

1 Des sociétés traumatisées

- Sur 67 millions de soldats mobilisés, 9 millions ont trouvé la mort, surtout des jeunes adultes, et plus du double ont été blessés. On estime que chaque jour, 900 Français et 1 200 Allemands sont tombés. Les « gueules cassées » véhiculent longtemps les souvenirs d'une guerre meurtrière.

Mot clé

Les « **gueules cassées** » sont les blessés de guerre, notamment au visage, le plus souvent par des éclats d'obus.

- En France, le déficit des naissances entraîne une baisse de la natalité à la génération suivante : les « classes creuses ».
- Le génocide des Arméniens ▶ FICHE 32, les famines, la guerre civile russe et la grippe espagnole alourdissent ce bilan.

2 Une Europe détruite

- Les destructions matérielles sont considérables : les zones de combat (régions agricoles, industrielles et minières du Nord-Est de la France) sont dévastées.
- Les États européens sont endettés, surtout auprès des États-Unis. Pour financer l'effort de guerre, les États ont eu recours à la planche à billets : l'augmentation de la masse monétaire engendre une forte inflation (hausse des prix).

II Les souvenirs et les mémoires de la Grande Guerre

1 Des sociétés en deuil

- En France et en Allemagne, chaque commune, chaque famille est touchée par la perte d'un proche. Ces victimes entretiennent le souvenir de leur défunt et de la guerre. Toutes les sociétés représentent une communauté de deuil.

- Le deuil est particulièrement difficile quand le corps du défunt n'a pas été retrouvé. Des ossuaires, comme celui de Douaumont près de Verdun, sont inaugurés.

2 Les mémoires de la Grande Guerre

- Inaugurés pour la plupart avant 1922, les monuments aux morts manifestent le patriotisme, l'hommage aux victimes.

- Les monuments sont placés dans un lieu important de la commune. Les commémorations du 11 Novembre, contribuent à faire naître un « culte républicain ». Un cortège, ouvert par les enfants et fermé par les anciens combattants marque le début de la cérémonie. Puis la foule écoute les discours et, enfin, a lieu l'appel des « morts pour la France ».

> **Mot clé**
> Une **commémoration** est une cérémonie officielle organisée pour conserver la mémoire nationale d'un événement historique.

3 Des sociétés bouleversées, entre pacifisme et brutalisation

- Moins nombreux, certains monuments expriment le pacifisme, même s'il faut attendre le milieu des années 1920 pour qu'une « démobilisation culturelle » s'impose peu à peu et que le deuil s'estompe dans les pays vainqueurs.

- En Allemagne et en Italie, les valeurs guerrières issues du conflit perdurent après celui-ci. L'idée d'une « guerre permanente » se nourrit de l'amertume provoquée par le traité de Versailles.

- En Russie, la violence de la guerre civile est liée aux comportements brutaux des soldats pendant la Première Guerre mondiale. Dans les pays vaincus, on peut parler d'une « brutalisation » des sociétés, conséquence des violences vécues pendant le conflit.

L'ESSENTIEL

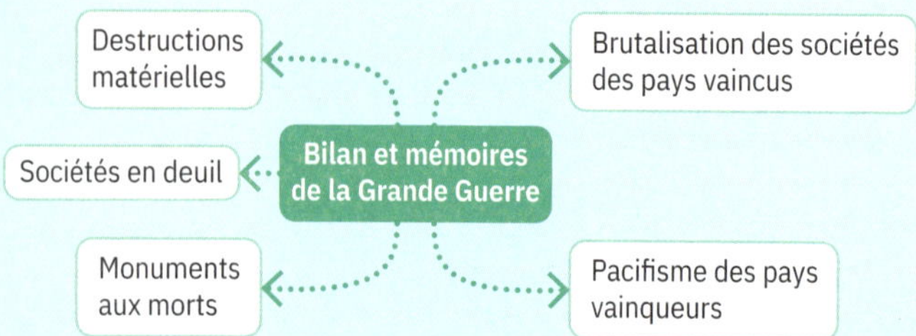

Quiz EXPRESS 35

Avez-vous bien révisé les fiches 29 à 34 ? On vérifie !

La Première Guerre mondiale

1 Un embrasement mondial

FICHE 29

1. Quels sont les pays de la triple Entente ?

- [ ] a. Italie, France, Royaume-Uni
- [ ] b. Allemagne, Autriche-Hongrie, Empire ottoman
- [ ] c. France, Royaume-Uni, Russie

2. Quelle année marque un tournant dans la guerre ?

- [ ] a. 1916 - [ ] b. 1917 - [ ] c. 1918

2 La bataille de la Somme

FICHE 30

1. La bataille de la Somme se déroule pendant...

- [ ] a. la guerre de mouvement. - [ ] b. la guerre de position.

2. Quelle nouvelle arme fait son apparition lors de cette bataille côté Entente ?

- [ ] a. les chars - [ ] b. les gaz - [ ] c. l'aviation

3 Les civils, acteurs et victimes de la guerre

FICHES 31 ET 32

Parmi les affirmations suivantes, laquelle est vraie ?

- [ ] a. Les munitionnettes sont les femmes employées dans les usines d'armement.
- [ ] b. On dénombre environ 500 000 victimes arméniennes à l'issue du conflit.

4 Sortir de la guerre

FICHE 33

1. Quel traité de paix concerne spécifiquement l'Allemagne ?

- [ ] a. le traité de Sèvres - [ ] b. le traité de Versailles

2. Quel pays ne fait pas partie de la SDN ?

- [ ] a. les États-Unis - [ ] b. la France - [ ] c. le Royaume-Uni

CORRIGÉS

1 Un embrasement mondial

1. **Réponse c.** La France s'allie à la Russie en 1894 et au Royaume-Uni en 1904. Cette « Entente cordiale », donne son nom à la Triple Entente conclue en 1907.

2. **Réponse b.** 1917 marque un tournant dans la guerre. Les États-Unis rejoignent l'Entente, l'URSS sort du conflit. La lassitude gagne le front comme l'arrière.

2 La bataille de la Somme

1. **Réponse b.** La bataille de la Somme se déroule en 1916. C'est la phase de guerre de position ou guerre des tranchées.

2. **Réponses a et c.** Pour la première fois, les troupes de l'Entente ont recours à des chars et à l'aviation offensive.

À noter

Les gaz sont utilisés pour la première fois à la bataille d'Ypres (Belgique), en 1915.

3 Les civils, acteurs et victimes de la guerre

Réponse a. L'affirmation **b** est fausse : les historiens estiment que le génocide arménien a tué entre 1,2 et 1,5 million de personnes. Cependant, faire le bilan d'un génocide est difficile.

4 Sortir de la guerre

1. **Réponse b.** Le premier traité de paix signé est celui de Versailles. Il ne concerne que le sort de l'Allemagne.

2. **Réponse a.** Le Congrès américain refuse de ratifier le traité de Versailles en 1920. De ce fait, bien qu'ils en soient l'initiateur, les États-Unis n'intègrent pas la SDN.

La Première Guerre mondiale

1

Quelles sont les deux alliances diplomatiques en présence en 1914 ?

▶ FICHE 29

2

Quelles sont les grandes phases de la Première Guerre mondiale ?

▶ FICHE 29

3

Qu'appelle-t-on l'effort de guerre ?

▶ FICHE 31

4

Qu'est-ce que la mobilisation des esprits ?

▶ FICHE 31

5

Qu'est-ce que le droit des peuples à disposer d'eux-mêmes ?

▶ FICHE 33

6

Quelles sont les sanctions économiques, militaires et territoriales imposées à l'Allemagne à l'issue du traité de Versailles ?

▶ FICHE 33

7

Que désigne la notion de « sécurité collective » ?

▶ FICHE 33

8

Qu'est-ce qu'un monument aux morts ?

▶ FICHE 34

RÉPONSES

Efforcez-vous de répondre aux questions par vous-même avant de consulter les réponses, puis révisez régulièrement pour bien mémoriser.

1

Les **alliances en présence en 1914** sont la Triple Entente (France, Royaume-Uni, Russie) et la Triple Alliance (Empires allemand et austro-hongrois, Italie). L'Empire ottoman se rallie à l'Alliance en octobre 1914 et l'Italie, neutre, rejoint l'Entente en 1915.

2

Jusqu'à l'automne 1914 les armées se déplacent sur un front mouvant, c'est une **guerre de mouvement**. À la fin de l'année 1915 les soldats s'enterrent dans des tranchées (**guerre de position**). En 1918, les offensives reprennent.

3

L'**effort de guerre** correspond à la mobilisation économique de l'arrière. Les civils travaillent pour ravitailler le front.

4

La **mobilisation des esprits** désigne l'usage par les États en guerre de la **propagande** et de la **censure** pour maintenir le moral des populations.

5

Le **droit des peuples à disposer d'eux-mêmes** est le principe selon lequel chaque peuple doit pouvoir choisir son régime politique librement, et donc être souverain sur un territoire délimité par des frontières.

6

L'Allemagne doit payer de **lourdes réparations**. Elle perd ses colonies, l'Alsace-Moselle et Dantzig. Elle est démilitarisée, la rive gauche du Rhin est occupée par les Français et son armée est réduite à 100 000 hommes.

7

Pour assurer une **sécurité collective**, des pays signent un accord selon lequel si l'un des membres est menacé ou attaqué, les autres pays lui apporteront leur aide.

8

Un **monument aux morts** est une construction érigée après le conflit pour rendre hommage aux soldats tombés au front.

Une planète de citadins vivant de plus en plus dans des métropoles

37

☐ OK

Le monde connaît une urbanisation croissante. Les citadins de plus en plus nombreux vivent notamment dans des métropoles de plusieurs millions d'habitants, territoires essentiels et emblématiques de la mondialisation.

I Une urbanisation croissante de la population

1 La transition urbaine mondiale

Depuis 2015, 55 % de la population mondiale vit en ville (contre 30 % en 1950). Ce taux devrait continuer à augmenter pour atteindre 60 % en 2030. Il y aurait donc environ 4 milliards de citadins sur la planète aujourd'hui (*a priori* 5 milliards en 2030).

2 Une urbanisation surtout due aux pays en développement

- Le rythme de la croissance urbaine mondiale est relativement soutenu (environ 2 % par an). Cette moyenne cache des disparités. La croissance est ralentie dans les pays développés (environ 0,5 % par an) et très rapide dans les pays en développement (environ 2,5 % par an, et même 4 % par an dans les PMA) encore marqués par un exode rural et un dynamisme démographique importants.
- L'Amérique latine fait figure d'exception, avec des taux d'urbanisation similaires à ceux des pays développés.

II Le phénomène de métropolisation

- La planète compte aujourd'hui 513 agglomérations de plus d'un million d'habitants (16 en 1900). 45 comptent entre 5 et 10 millions d'habitants et 29 sont des mégapoles de plus de 10 millions d'habitants. Seules 5 villes dépassent 20 millions d'habitants : Tokyo, Delhi, Shanghai, Mexico, São Paulo.
- Ce phénomène de métropolisation est lié à celui de littoralisation. Au Brésil, la région littorale du *Sudeste* est très dynamique et s'appuie notamment sur les mégapoles de São Paulo et Rio de Janeiro.

Mot clé

La **métropolisation** désigne la concentration progressive des hommes et des activités dans les métropoles.

- En Afrique, les métropoles du littoral du golfe de Guinée sont de plus en plus intégrées aux échanges mondiaux (Lagos au Nigeria, première métropole du continent africain).

III Les caractéristiques des métropoles

1 Des relais essentiels dans la mondialisation

- Les métropoles concentrent les pôles décisionnels politiques, économiques, financiers et culturels. Les quartiers d'affaires des grandes métropoles mondiales accueillent les sièges sociaux des FTN (firmes transnationales).
- Les métropoles sont souvent des nœuds de transports et de communication bénéficiant de ports et d'aéroports ou servant de points de jonction des câbles intercontinentaux nécessaires au réseau Internet mondial.

2 La présence d'une main-d'œuvre et de services de haut niveau

- Ces agglomérations bénéficient d'une main-d'œuvre qualifiée : Paris concentre 40 % des effectifs français de recherche et développement.
- Elles bénéficient également d'équipements culturels qui rayonnent à différentes échelles (le MoMa à New York ou le Louvre à Paris et à Abu Dhabi).

3 Des paysages métropolitains

L'aménagement de quartiers d'affaires dotés de gratte-ciel, dessinés par des « starchitectes » permet à une métropole de montrer sa puissance.

L'ESSENTIEL

Une planète de citadins

→ **Croissance urbaine mondiale soutenue**
55 % de la population mondiale citadine

→ **Phénomène de métropolisation**
513 agglomérations > 1 million d'hab.

→ **Métropoles**
- relais essentiel dans la mondialisation
- main-d'œuvre qualifiée
- reflet de la puissance

Des formes urbaines de plus en plus étendues et complexes

38

☐ OK

L'urbanisation à l'échelle mondiale laisse apparaître des nouvelles formes d'espaces urbains, liées à la croissance de sa population et à l'extension spatiale des métropoles. Ces dernières forment un réseau cohérent, concentrant et redistribuant les flux de capitaux, de marchandises et d'informations et les mobilités humaines.

I De la métropole à la mégalopole

Dans certains territoires, les métropoles peuvent être intégrées à des ensembles urbains plus vastes appelés mégalopoles.

Mot clé

Une **mégalopole** est une grande région urbaine regroupant plusieurs métropoles millionnaires reliées entre elles par un réseau dense d'axes de transport et de communication.

1 Trois mégalopoles majeures

- La *Megalopolis* du Nord-Est des États-Unis, ou la « Bos-Wash », s'étend de Boston à Washington en passant par New York, Philadelphie et Baltimore. Elle regroupe environ 55 millions d'habitants.
- La mégalopole européenne rayonne de Londres à Milan et relie de nombreuses métropoles (Bruxelles, Amsterdam, Francfort...) grâce à un maillage serré du réseau de communication et de transport. Elle concentre environ 80 millions d'habitants.
- La mégalopole japonaise, s'étend de Sendai à Fukuoka et sur trois des quatre îles principales du Japon (Honshu, Shikoku et Kyushu). Elle regroupe 100 millions d'habitants sur les 127 millions du Japon. Le tiers des habitants de la mégalopole vit dans la plaine du Kantô où se situe Tokyo. Le train à grande vitesse Shinkansen relie les différentes métropoles de la mégalopole.

2 Corridors urbains et conurbations

- À ces mégalopoles, s'ajoutent de grands corridors urbains ou mégalopoles en cours de formation. C'est le cas aux États-Unis de la « San-San », de San Diego à San Francisco en Californie ou de la « Chi-Pitts » de Chicago à Pittsburgh dans la région des Grands Lacs. Ce façonnage est aussi visible au Sud-Est du Brésil avec le triangle São Paulo, Rio de Janeiro et Belo Horizonte ; en Chine autour de Shanghai, ou encore au sud-ouest de l'Inde dans l'État du Kerala.

- L'extension des villes fait apparaître de nouvelles formes urbaines comme les conurbations, ensembles urbains formés par au moins deux agglomérations dont les banlieues respectives, en s'étendant, finissent par se rejoindre. L'ensemble formé par les villes d'Osaka et Kobé au Japon en est un bel exemple.

II L'archipel mégalopolitain mondial

- Les métropoles constituent les têtes de pont de l'économie mondiale et jouent un rôle essentiel dans la mondialisation. Les métropoles constituent des nœuds primordiaux pour les échanges internationaux, en particulier lorsqu'elles sont sur le littoral et adossées à un port d'envergure mondiale. Shanghai bénéficie d'un complexe portuaire de trois ports, dont le port en eau profonde de Yangshan permettant d'accueillir les plus grands porte-conteneurs.

- Les métropoles fonctionnent en réseau. En témoignent les mobilités touristiques qui s'opèrent entre les métropoles européennes : la majorité des touristes européens qui visitent ces métropoles sont issus d'une autre métropole. Olivier Dollfus parle d'un « archipel mégalopolitain mondial ».

- Toutefois, les métropoles attirent et rayonnent à différentes échelles. Leur ancrage territorial est essentiel dans leur fonctionnement, notamment au niveau de la sphère productive : la production réalisée sur son territoire ou dans ses espaces périphériques participe, au travers des exportations, à son rayonnement.

> **Mot clé**
>
> L'**archipel mégalopolitain mondial** représente, à l'image d'un archipel, le fonctionnement en réseau discontinu mais cohérent des métropoles dans le cadre de la mondialisation.

L'ESSENTIEL

Métropoles et mégalopoles

- 3 mégalopoles majeures
- grands corridors urbains
- conurbations

Archipel mégapolitain mondial

- rôle essentiel dans la mondialisation et les échanges internationaux
- fonctionnement en réseau
- rayonnement à toutes les échelles

Des métropoles variées et inégalement attractives

39

☐ OK

Les métropoles présentent des profils variés, qu'il s'agisse de leur nombre d'habitants ou de leur échelle de rayonnement. De ce constat, ressort une hiérarchie des métropoles allant de la ville mondiale à la métropole régionale.

I Une hiérarchie des métropoles

1 Les villes mondiales

- Les villes mondiales ont un rayonnement à toutes les échelles géographiques (de l'échelle mondiale à l'échelle locale) et dans tous les domaines. C'est le cas de Tokyo, New York, Paris, Londres et Shanghai.

Mot clé

On appelle **ville mondiale** une grande métropole bénéficiant de pôles décisionnels ayant une influence mondiale dans les domaines économique, financier, politique et culturel.

- La puissance d'une métropole ne dépend pas uniquement de son nombre d'habitants. Les mégapoles de Jakarta et du Caire, pourtant très peuplées, ne sont pas des villes mondiales car elles ne bénéficient pas de fonctions de commandement de niveau mondial.
- À l'inverse, Londres cumule une population nombreuse (environ 12 millions d'habitants), un pouvoir politique et diplomatique, des sièges sociaux de grandes FTN et une place financière de premier ordre, ainsi qu'une influence culturelle à travers des institutions comme la National Gallery ou la Tate Modern.

2 Des métropoles qui rayonnent à des échelles plus restreintes

- D'autres métropoles ont une envergure continentale. C'est le cas de Madrid, Berlin, Buenos Aires ou encore Lagos. Elles jouent ainsi un rôle important dans la structuration des réseaux urbains et de transport aux échelles continentale et nationale, et peuvent avoir une influence politique à l'image de Berlin au sein de l'Union européenne.
- Enfin, certaines métropoles rayonnent à des échelles limitées à leur région ou leur pays. Elles participent alors à l'organisation du territoire régional et/ou national, en dynamisant les territoires dans lesquelles elles sont implantées (Nantes, Bilbao, Phoenix...).

II Des métropoles spécialisées

Certaines métropoles se spécialisent dans différents domaines :

- les **fonctions politique et diplomatiques** : les institutions européennes à Bruxelles, le siège du PCC à Pékin (Beijing), la Maison-Blanche à Washington… ;
- l'accueil de FTN (3 FTN parmi les 500 premières mondiales à São Paulo) et le développement économique en lien avec des **industries de pointe** (Bangalore) ;
- le rôle de **place financière** : Banque centrale européenne à Francfort, Bourse des matières agricoles à Chicago ;
- enfin, des **secteurs d'activité** tels que la mode (Milan) ou l'industrie cinématographique (Los Angeles) ;

Mot clé

Une **firme transnationale** (FTN) est une entreprise ou un groupe d'entreprises réalisant ses activités dans plusieurs pays du monde par l'intermédiaire de filiales.

Les acteurs de ces métropoles cherchent souvent à accueillir des événements ou des congrès mondiaux pour **affirmer l'image d'une métropole complète** (ex. : Jeux olympiques de Beijing en 2008 et de Rio en 2016).

L'ESSENTIEL

Des métropoles variées

→ **Villes mondiales** : rayonnement à toutes les échelles et dans tous les domaines (financier, économique, politique et culturel)

→
- **Métropoles** d'envergure continentale
- **Métropoles** d'envergure nationale, régionale

→ **Métropoles spécialisées** dans un domaine :
- finance
- industrie de pointe ou activité très spécialisée
- politique et diplomatie

La recomposition des espaces intramétropolitains

40

☐ OK

Qu'en est-il des différents espaces à l'échelle intramétropolitaine ? Les métropoles connaissent en effet une extension verticale et horizontale, qui contribue à fragmenter les espaces urbains.

I Étalement urbain et nouveaux centres fonctionnels

1 Une extension verticale et horizontale

- Les métropoles connaissent une extension verticale (gratte-ciel) mais surtout horizontale : c'est l'étalement urbain. À Phoenix, la densité de population est très faible et certains *suburbs* (banlieues) périphériques sont à plus de 80 kilomètres de la ville-centre.
- Ce phénomène entraîne une augmentation des mobilités intra-urbaines, surtout motorisées, à l'origine de pollutions et de nuisances. À Pékin, les seuils de pollution de l'air recommandés par l'OMS sont régulièrement franchis (179 jours de pollution en 2015).
- Cet étalement urbain s'accompagne aussi d'une fragmentation fonctionnelle des espaces urbains (logements, zones d'emplois, centres commerciaux…) qui contribue d'autant plus à l'augmentation des mobilités. Le *Mall of America* à Minneapolis bénéficie ainsi d'un parking de plus de 10 000 places.

2 Une organisation de plus en plus polycentrique

- De nouvelles centralités apparaissent dans les périphéries des métropoles, appelées *edge cities* (villes-lisières) par Joel Garreau. Dans ces zones d'emplois, se concentrent en général des fonctions moins prestigieuses que dans la ville-centre (*back-office*). Pour autant, ces nouveaux pôles périphériques participent à une organisation plus polycentrique des métropoles. À New York, plusieurs *edge cities* permettent de limiter les navettes domicile-travail convergeant vers l'hypercentre.
- Ces nouvelles centralités prennent parfois la forme de *clusters* comme dans la banlieue de New York, où émergent des pôles suburbains spécialisés dans la pharmacie, l'informatique…

Mot clé

Un **cluster** est un territoire spécialisé dans l'innovation mettant en lien différents acteurs d'un même domaine pour créer des synergies.

II Accentuation des contrastes et des inégalités

1 La fragmentation sociospatiale

- Les métropoles sont marquées par une fragmentation sociospatiale : les inégalités sociales prennent la forme d'inégalités spatiales. Les taux de chômage et de pauvreté sont ainsi beaucoup plus élevés dans le Bronx qu'à Manhattan.
- Dans les pays en développement, la croissance urbaine se caractérise souvent par l'émergence de bidonvilles. À Mumbai, le bidonville de Dharavi côtoie l'hypercentre de la capitale économique de l'Inde.

2 Gentrification et nouvelle densification dans les villes-centres

- Cette segmentation est parfois amplifiée par la gentrification des villes-centres des métropoles. À Berlin, dans le quartier populaire de Kreuzberg, la hausse des prix de l'immobilier entraîne le départ progressif des classes populaires vers des quartiers plus excentrés.
- Aux États-Unis, le *new urbanism*, un courant d'architectes et d'urbanistes, prône une densification des espaces centraux pour limiter l'étalement urbain et favoriser un urbanisme de la *walkability* (« marchabilité »).

Mot clé

La **gentrification** désigne la conquête spatiale de quartiers populaires par des catégories socioprofessionnelles aisées, qui passe par une transformation des logements, des commerces et de l'espace public.

L'ESSENTIEL

Extension et organisation nouvelle

- étalement urbain
- hausse de la mobilité intra-urbaine
- fragmentation des espaces urbains
- organisation polycentrique des métropoles

Augmentation des contrastes et des inégalités

- inégalités sociospatiales
- gentrification des villes-centres
- densification des espaces centraux
- bidonvilles dans les PED

L'inégale attractivité des métropoles françaises

41

☐ OK

L'armature urbaine en France fait apparaître une hiérarchie des métropoles. Ce réseau urbain est dominé par Paris, capitale et unique mégapole française, tandis que les métropoles régionales sont de plus en plus attractives et dynamiques.

I Le poids de la mégapole parisienne

1 Primatie et macrocéphalie parisienne

- La mégapole parisienne réunit près de 12 millions d'habitants, dont environ 2,5 millions *intra-muros*. Elle est près de 6 fois plus peuplée que Lyon (deuxième métropole du pays avec 2,2 millions d'habitants) : Paris est une ville primatiale.
- Le taux de macrocéphalie montre le poids de la première ville à l'échelle du pays. Ce taux est d'environ 18 % pour Paris.

> **Mot clé**
>
> Le **taux de macrocéphalie** est le nombre d'habitants de la ville la plus peuplée par rapport au nombre d'habitants du pays, multiplié par 100.

2 Une concentration d'activités et d'emplois

- La métropole parisienne représente près du tiers du PIB de la France et environ 5 % du PIB de l'Union européenne. Elle concentre des activités et des emplois dans tous les secteurs et abrite les sièges sociaux de grandes FTN dans le quartier de La Défense.
- La métropole réunit près de 40 % des actifs employés dans la recherche et développement. Le pôle d'innovation de Paris-Saclay est représentatif des synergies possibles entre laboratoires de recherche, entreprises, universités et grandes écoles.
- La capitale rayonne à l'international grâce à des établissements culturels comme le Louvre ou le musée d'Orsay.

3 Une métropole connectée à différentes échelles

- La connexion à l'échelle locale et mondiale de Paris participe à son rayonnement et à son attractivité. Les aéroports font de Paris une porte d'entrée sur le continent européen. Le hub de Roissy connaît un taux de correspondance d'environ 25 %. Au mois d'août, le nombre de passagers peut parfois dépasser le million en 24 heures.

- Les lignes LGV relient Paris aux autres métropoles françaises et européennes, desservant notamment tous les jours 40 villes européennes.
- Les autoroutes forment un réseau en étoile autour de Paris.

II Des métropoles régionales attractives

1 Les aires métropolitaines

- L'Insee répertorie douze aires métropolitaines : Paris, Lyon, Marseille, Lille, Toulouse, Bordeaux, Nice, Nantes, Strasbourg, Rennes, Grenoble et Montpellier.
- Chacune regroupe plus de 500 000 habitants et au moins 200 000 emplois, parmi lesquels au moins 20 000 cadres des fonctions métropolitaines : conception-recherche, prestation intellectuelle, commerce interentreprises, gestion, culture-loisirs. Le poids de ces villes est cependant inégal.

2 Les différents facteurs d'attractivité

- Ces métropoles régionales connaissent aujourd'hui une croissance démographique importante, en particulier pour celles situées dans un arc allant de la Bretagne à la région Grand Est en passant par le littoral méditerranéen (Nantes, Montpellier, Strasbourg...).
- Les facteurs d'attractivité sont liés à la présence d'emplois, mais aussi à trois dynamiques : l'héliotropisme, la littoralisation et le dynamisme des régions frontalières.

Mot clé
L'**héliotropisme** est l'attractivité de régions ensoleillées.

L'ESSENTIEL

La mégalopole parisienne
- ville primatiale (1 pers./5 vit à Paris)
- concentration d'activités et d'emplois (1/3 du PIB de la France)
- connexion à l'échelle locale et mondiale (aéroport, TGV, autoroutes)

Des métropoles régionales attractives
- 12 aires métropolitaines
- poids inégal
- différents facteurs d'attractivité

Une recomposition des dynamiques urbaines françaises

42

☐ OK

Les mobilités s'accentuent aussi bien entre les métropoles françaises qu'à l'intérieur de celles-ci. Malgré les politiques de la ville, qui tentent de proposer une mixité sociale et fonctionnelle, ces espaces urbains semblent de plus en plus fragmentés.

I Des mobilités de plus en plus intenses

1 Des mobilités entre les métropoles

- La concentration des emplois et des activités dans les métropoles en fait des lieux attractifs pour les flux migratoires, internes ou internationaux. Les **mobilités temporaires** sont de plus en plus fréquentes et rapides. Les connexions autoroutières et ferroviaires permettent des **migrations pendulaires** entre les métropoles. Le « tourisme de week-end » se développe considérablement, notamment d'une métropole à l'autre.
- À l'inverse, certains espaces périphériques sont moins desservis voire délaissés. En effet, des territoires, notamment situés dans une diagonale allant des Ardennes aux Pyrénées occidentales, bénéficient d'un **maillage de réseaux de transports** et de communication moins dense : éloignement des accès autoroutiers, disparition ou rareté de la desserte ferroviaire, moindre couverture par les réseaux numériques (« fracture numérique ») ou de téléphonie mobile.

2 Des mobilités intra-urbaines

- L'accroissement des mobilités se vérifie également à l'intérieur des métropoles. Différents mécanismes comme le prix de l'immobilier et la recherche d'un cadre de vie plus vert et moins urbanisé poussent les citadins à **s'éloigner des villes-centres** des agglomérations.
- Ainsi, les **couronnes périurbaines des métropoles** s'étendent chaque jour davantage, accentuant le **phénomène d'étalement urbain**. En parallèle, les territoires ruraux s'artificialisent de plus en plus : on parle de **mitage des espaces ruraux**. ▶ FICHE 60
- L'étalement urbain entraîne des **migrations pendulaires** de plus en plus longues et motorisées, engendrant pollutions et saturation du trafic routier dans plusieurs métropoles françaises (Paris, Lyon, Marseille,

Bordeaux). Des projets d'aménagement, tel le Grand Paris Express, visent à améliorer les connexions en transports en commun entre les différents territoires des métropoles et à favoriser le report modal.

Mot clé

Le **report modal** désigne le fait de changer de mode de transport au cours d'un trajet, en général de passer de la voiture à un transport en commun.

II Des espaces urbains fragmentés

1 Une fragmentation fonctionnelle

- L'étalement urbain s'accompagne d'une spécialisation fonctionnelle. Aux différents territoires urbains correspondent des fonctions particulières : logement, commerce, activité industrielle...
- Une concentration de services dans les centres-villes des métropoles est visible (90 % des actifs travaillent dans le secteur tertiaire à Nantes).

2 Fragmentation sociospatiale et gentrification

- Les métropoles présentent de fortes inégalités sociales. Le revenu médian des actifs résidant à l'ouest de l'agglomération parisienne est 1,5 fois supérieur à celui des actifs résidant dans le nord et le nord-est.

Mot clé

Le **revenu médian** est le revenu tel que 50 % de la population active considérée gagne moins et 50 % gagne plus.

- Ces inégalités entraînent souvent des inégalités spatiales, avec des territoires moins bien reliés, rendant l'accès à l'emploi plus difficile.
- La gentrification, processus de conquête spatiale par des catégories aisées, repousse progressivement les catégories populaires vers d'autres quartiers, surtout périphériques.

L'ESSENTIEL

Des mobilités de plus en plus intenses →
- entre les métropoles
- à l'intérieur de chaque métropole

Une fragmentation des espaces urbains →
- fragmentation fonctionnelle
- fragmentation sociospatiale
- gentrification

L'évolution des villes petites et moyennes en France

43

☐ OK

En dehors des métropoles, les villes petites et moyennes connaissent des itinéraires variés : certaines sont dynamiques et attractives, d'autres voient leur population diminuer.

I Pour certaines villes, un renouveau

1 La proximité avec les métropoles : un atout majeur

- Au-delà de la couronne périurbaine des métropoles, des villes bénéficient de la proximité avec ces dernières et connaissent un spectaculaire développement de la fonction résidentielle. Ablis, au sud des Yvelines, a vu sa population tripler en 30 ans, avec une diminution des résidences secondaires et une augmentation des résidences principales.
- Cette dynamique correspond aussi au mouvement d'accession à la propriété d'urbains, qui n'hésitent pas à rallonger leurs trajets quotidiens pour un cadre de vie plus vert. Les prix de l'immobilier, plus accessibles, permettent aux nouveaux arrivants d'acheter leur logement, souvent une maison ou un pavillon.
- L'économie de ces villes est liée à celle de la métropole, avec une forte tertiarisation des emplois des actifs résidents. La part de l'emploi agricole y est sensiblement la même qu'à l'échelle nationale, tandis que les fonctions tertiaires (services, fonction publique, distribution…) sont majoritaires.

Mot clé

La **tertiarisation** est le développement des emplois de services.

2 Une économique locale dynamique

- L'attractivité et le dynamisme des villes peuvent reposer sur des raisons variées (politiques, économiques, culturelles). Ils sont souvent liés à la combinaison de plusieurs fonctions (résidentielle, productive, touristique…). Ainsi, le statut de préfecture de département et la présence d'un certain nombre de services associés permettent un rayonnement à une échelle réduite (Limoges).
- Les ressources patrimoniales peuvent contribuer au dynamisme : monument, musée, parc d'attractions (Poitiers et le Futuroscope), proximité d'un parc naturel régional ou national, d'un site exceptionnel ou de sources thermales… Les initiatives locales peuvent également permettre

de valoriser à la fois les ressources et le cadre de vie : vente directe, produits locaux et régionaux, développement d'un écotourisme…

- Enfin, certaines villes choisissent de développer ou de se spécialiser dans une fonction particulière (Albi dans l'enseignement supérieur).

II Pour d'autres, une mise à l'écart progressive

1 Une diminution de la population et des services

- Dans d'anciens bassins industriels ou dans des régions agricoles, un recul démographique des villes petites et moyennes est visible. Les reconversions économiques difficiles se traduisent en effet souvent par le départ de jeunes actifs. Ainsi, Charleville-Mézières a perdu 10 000 habitants en 25 ans.

- La baisse de la population s'accompagne souvent d'une dévitalisation des centres-villes. Parfois, l'intervention des pouvoirs publics est nécessaire, notamment pour réduire la fracture numérique ou accompagner le retour à l'emploi.

2 Des territoires urbains enclavés

- Les villes petites et moyennes participent au maillage territorial, mais certaines sont enclavées ou isolées à cause de la faible connexion aux réseaux de transports (accès lointain à une bretelle d'autoroute ou à une gare TGV).

- Cet enclavement est parfois renforcé par la fermeture de lignes ferroviaires ou de dessertes moins fréquentées, peu rentables ou déficitaires.

Mot clé

Le **maillage territorial** indique l'appropriation, la gestion et/ou l'aménagement d'un territoire. Les villes constituent des points centraux et des nœuds dans les réseaux de transports.

L'ESSENTIEL

À proximité d'une métropole
- Fonction résidentielle
- Économie locale dynamique

↑

Le rôle et la place des villes petites et moyennes

↓

Dans les régions agricoles ou en reconversion industrielle
- Baisse de la population et des services
- Faible connexion aux réseaux de transport

Quiz EXPRESS

44

Avez-vous bien révisé les fiches 37 à 43 ? On vérifie !

La métropolisation, un processus mondial différencié

1 Urbanisation et métropolisation dans le monde

▶ FICHES 37 À 40

1. La part de la population mondiale vivant en ville est de…

☐ **a.** 35 %. ☐ **b.** 75 %. ☐ **c.** 55 %.

2. La Mégalopolis étudiée par Jean Gottmann se situe…

☐ **a.** en Europe de l'Ouest.

☐ **b.** au Nord-Est des États-Unis.

☐ **c.** au Japon.

3. Laquelle des villes suivantes n'est pas une ville mondiale ?

☐ **a.** New York ☐ **b.** Washington ☐ **c.** Paris

4. Parmi les affirmations suivantes, laquelle est vraie ?

☐ **a.** L'étalement urbain permet de diminuer les mobilités intra-urbaines et donc la pollution.

☐ **b.** La gentrification amplifie la fragmentation sociospatiale dans les métropoles.

☐ **c.** les *edge-cities* sont des zones d'emploi situés dans les centres-villes.

2 France : la métropolisation et ses effets

▶ FICHES 41 À 43

1. Les facteurs d'attractivité d'une métropole peuvent être liés à…

☐ **a.** la présence d'emplois. ☐ **b.** sa situation géographique.

☐ **c.** son accessibilité.

2. Les métropoles françaises sont marquées par une fragmentation…

☐ **a.** commerciale. ☐ **b.** fonctionnelle. ☐ **c.** sociospatiale.

3. Les villes connaissant un certain renouveau sont celles qui…

☐ **a.** profitent de la proximité des métropoles.

☐ **b.** conjuguent plusieurs fonctions.

☐ **c.** sont en cours de reconversion industrielle.

CORRIGÉS

1 Urbanisation et métropolisation dans le monde

1. **Réponse c.** Depuis 2015, 55 % de la population mondiale vit en ville (50 % en 2006).

2. **Réponse b.** La Mégalopolis se situe au Nord-Est des États-Unis. Jean Gottmann a identifié cette mégalopole dès la fin des années 1950.

3. **Réponse b.** Washington n'est pas une ville mondiale car en dehors de son rôle politique, elle ne rayonne pas à l'échelle mondiale dans les domaines culturel et économique par exemple.

4. **Réponse b.** L'installation de classes moyennes et supérieures dans des quartiers populaires tend à repousser les catégories populaires vers des espaces périphériques, et donc à amplifier la fragmentation sociospatiale.

L'affirmation **a** est fausse, car l'étalement urbain accroît les distances parcourues et les mobilités motorisées, donc les différentes formes de pollution.

L'affirmation **c** est fausse car les *edge-cities* (villes-lisères) sont situées en périphérie des métropoles.

2 France : la métropolisation et ses effets

1. **Réponses a, b et c.** Les emplois, l'accessibilité ou la situation sur un littoral ou dans une région ensoleillée peuvent être des facteurs d'attractivité d'une métropole.

2. **Réponses b et c.** Les métropoles françaises présentent une fragmentation fonctionnelle (accentuée par l'étalement urbain) et une fragmentation sociospatiale en lien avec les inégalités sociales.

3. **Réponses a et b.** La proximité d'une métropole et la pluralité des fonctions sont deux raisons pouvant expliquer le dynamisme de villes petites et moyennes.

FLASHCARDS

Mémorisez les idées clés des fiches 37 à 43

45

La métropolisation, un processus mondial différencié

1

Pourquoi parle-t-on d'une transition urbaine mondiale ?

▶ FICHE 37

2

Qu'est-ce qu'une mégalopole ?

▶ FICHE 38

3

En quoi l'étalement urbain est-il problématique ?

▶ FICHE 40

4

Qu'est-ce que la fragmentation sociospatiale des métropoles ?

▶ FICHE 40

5

Pourquoi peut-on parler d'une hiérarchie des métropoles en France ?

▶ FICHE 41

6

Pourquoi les mobilités intra-urbaines sont-elles de plus en plus importantes dans les métropoles ?

▶ FICHE 42

7

Pourquoi les difficultés d'accès aux réseaux de transport peuvent-elles accentuer les inégalités ?

▶ FICHE 42

8

Qu'est-ce qui favorise le renouveau de certaines villes petites et moyennes ?

▶ FICHE 43

RÉPONSES

Efforcez-vous de répondre aux questions par vous-même avant de consulter les réponses, puis révisez régulièrement pour bien mémoriser.

1

La **population mondiale** est **de plus en plus urbaine**. Depuis 2006, la moitié de la population mondiale vit en ville. La croissance urbaine a surtout lieu dans les pays en développement.

2

Mégalopole : grande région urbaine reliant plusieurs métropoles, à l'image de la mégalopole japonaise concentrant environ 100 millions d'habitants et reliant notamment Tokyo, Nagoya et Osaka-Kobé.

3

L'**étalement urbain** entraîne une artificialisation croissante des espaces et une multiplication des mobilités intra-urbaines motorisées, donc un accroissement des pollutions.

4

La **fragmentation sociospatiale des métropoles** désigne le fait que les inégalités sociales se traduisent par des inégalités spatiales. L'espace urbain est ainsi fragmenté, de manière plus ou moins explicite.

5

On observe une **hiérarchie des métropoles en France** avec Paris ville mondiale, puis 11 métropoles régionales, de grandes aires urbaines, et enfin des villes petites et moyennes au dynamisme inégal.

6

Les **mobilités intra-urbaines** ne cessent de croître car les métropoles connaissent une croissance démographique importante, un fort étalement urbain et une fragmentation fonctionnelle.

7

Si les **réseaux de transport** sont éloignés ou d'**accès difficile**, les déplacements dans l'espace urbain sont plus compliqués, ce qui rend moins accessible le marché de l'emploi et accentue donc les inégalités.

8

Ce qui favorise le **renouveau des villes petites et moyennes** :
- la **proximité** d'une métropole
- la présence de **fonctions administratives**
- le **dynamisme économique** local ou les ressources **patrimoniales**

Les acteurs de la production

46

☐ OK

Aujourd'hui, environ 100 000 firmes transnationales (FTN) et leur million de filiales assurent les deux tiers du commerce et l'essentiel de l'économie productive dans le monde.

I Des acteurs en mutation constante

1 L'adaptation aux mutations de l'économie mondiale

- Avec la deuxième mondialisation (XIXe s.), les premières firmes multinationales apparaissent. Avec la troisième mondialisation (années 1960), elles se développent à l'international ; la crise des pays développés dans les années 1970 les fait basculer dans une vision véritablement mondiale.
- Avec le triomphe du néolibéralisme dans les années 1980, les actionnaires et fonds d'investissement contrôlent les stratégies des entreprises.

2 La réorganisation toyotiste et post-fordiste

- Les firmes ont réorganisé leurs processus de production selon le système toyotiste. ▶ FICHE 51 L'innovation et la recherche-développement deviennent les moteurs de la profitabilité. Les firmes deviennent des entreprises sans usine.
- Les grandes firmes se placent ainsi au centre d'un réseau d'entreprises sous-traitantes ou de fournisseurs, se réservant les segments les plus rentables de leur activité, c'est-à-dire les fonctions tertiaires supérieures.

3 Les firmes à l'âge du numérique

- Dans une économie post-fordiste où la production matérielle se révèle moins profitable que les services ou les logiciels, de nouvelles firmes, basées sur l'économie numérique, ont pris une importance mondiale. ▶ FICHE 51
- Leur compétitivité repose sur des volumes croissants de données techniques et personnelles (*big data*), traités par intelligence artificielle. L'économie numérique peut aussi être collaborative : le particulier devient lui-même producteur (ubérisation).

Mot clé

L'**ubérisation** (du nom de la société Uber) est la mise en relation directe entre clients et professionnels grâce aux nouvelles technologies.

II Les FTN et les autres acteurs de la production

1 La position centrale des FTN

- Les FTN contrôlent les deux tiers du commerce (un tiers pour le commerce intrafirmes) et réalisent la quasi-totalité des IDE et plus de la moitié du PIB mondial pour seulement 5 % des actifs.
- Leur poids économique explique l'influence considérable qu'elles détiennent sur les autres acteurs, tant étatiques que supra-étatiques. Leur influence peut être publique (forum de Davos) ou plus discrète (lobbying).

2 La permanence du rôle des États

- Les FTN représentent un défi pour les États, qui cherchent à les attirer pour développer les territoires, ce qui entraîne une concurrence fiscale. Les FTN parviennent à payer peu d'impôts (paradis fiscaux).
- Mais les États tentent aussi de promouvoir leurs champions nationaux et de les protéger contre leurs concurrents, notamment en Chine.

3 Société civile et ONG

- La société civile a souvent dénoncé les pratiques jugées abusives des FTN. Ainsi, les ONG ont dénoncé leurs pratiques sociales et environnementales.
- Les FTN ont infléchi leurs stratégies. Elles collaborent souvent avec les ONG, moyennant subsides, afin d'obtenir des certifications et des labels attestant de leur bonne conduite.

Mot clé

Les **ONG** (organisations non gouvernementales) sont des organisations à but non lucratif, qui se consacrent à l'action humanitaire, environnementale, etc.

L'ESSENTIEL

Des mutations permanentes
- mondialisation et financiarisation
- système toyotiste et post-fordiste
- économie numérique

Les acteurs de la production
- domination des FTN
- FTN et États : entre concurrence et promotion
- ONG : de la dénonciation des FTN à la collaboration

Division internationale du travail et territoires

47

☐ OK

Les stratégies des FTN produisent des recompositions majeures des espaces productifs mondiaux.

I La nouvelle division internationale du travail

1 Internationalisation, transnationalisation, globalisation

- La crise du modèle fordiste (années 1970) a accéléré l'internationalisation des firmes, devenues globales avec des stratégies planétaires.
- La révolution des transports et des technologies a permis la décomposition internationale du processus productif : la spécialisation repose sur une tâche dans une chaîne de valeur toujours plus segmentée.

2 Délocalisation, sous-traitance, relocalisation

- Les firmes ont transféré à l'étranger beaucoup de leurs activités de fabrication (délocalisation) ou sous-traitent à des firmes locales.
- On observe toutefois aujourd'hui des relocalisations vers les Nords, pour des raisons de logistique, d'image ou de compétitivité.

3 Stratégies d'implantation et recompositions spatiales

- Selon un modèle bipolaire, les firmes conservaient au Nord les fonctions de commandement et d'innovation et délocalisaient au Sud les fonctions de fabrication. D'où la désindustrialisation des Nords.
- Toutefois, ce modèle est remis en question par le développement des FTN des pays émergents, qui sont à présent dans une logique de concurrence avec les pays développés.

Chiffres clés

Parmi les 500 premières FTN en 2018, **126** sont américaines et **120** chinoises.

II Les firmes transnationales et les territoires

1 À l'échelle mondiale, une sélection territoriale pointue

- Les pays des Nords réalisent encore l'essentiel des flux d'investissements sortants mais seulement la moitié des flux entrants. Dans les Suds, les BRICS captent l'essentiel des flux entrants. L'Afrique reste relativement délaissée.

- Les espaces productifs issus de ces investissements se concentrent donc dans des régions du monde assez peu nombreuses au départ (surtout les Nords), mais qui tendent à se diversifier (surtout dans les Suds).

2 Résistance et renaissance de l'échelle régionale

- Les FTN ont une approche régionale : les FTN européennes tendent à investir en Europe, les américaines dans l'Alena, les japonaises en Asie du Sud-Est.
- Une logique birégionale se développe, marquée par une présence sur deux des trois grandes régions économiques du monde. L'économie productive mondiale fonctionne donc sur des emboîtements à de multiples échelles.

Mot clé

L'**Alena** (Accord de libre-échange nord-américain) réunit le Canada, les États-Unis et le Mexique depuis 1994. La circulation des produits et des capitaux y est libre.

3 À l'échelle nationale, des espaces privilégiés

- À l'échelle nationale, les régions les plus riches et les plus peuplées sont privilégiées par le développement des activités productives impulsées par les FTN.
- Les FTN sélectionnent des espaces en raison de leurs externalités positives : zones franches pour des raisons douanières ou fiscales, métropoles pour leur environnement technique et humain, littoraux pour leur connectivité maritime, clusters et districts industriels pour leurs synergies interentreprises… ▶ FICHE 50

L'ESSENTIEL

Nouvelle DIT

- internationalisation
  transnationalisation
  globalisation des firmes
- **chaînes de valeur** complexes : délocalisation – sous-traitance – relocalisation
- **concurrence** des FTN émergentes

Les FTN et les territoires

- **investissements productifs** concentrés mais en voie de diversification
- investissements dans une ou deux grandes aires
- **espaces privilégiés** à l'échelle nationale : métropoles, littoraux, zones franches, clusters

Les flux de capitaux et d'information au cœur des systèmes productifs

48

☐ OK

Les systèmes productifs s'appuient aujourd'hui sur des flux immatériels considérables, qui entraînent une recomposition des espaces productifs.

I Les flux financiers dans la globalisation

1 La globalisation financière

La révolution néolibérale des années 1980 a permis la globalisation financière par l'accès direct aux marchés financiers et la libre circulation des capitaux. Les marchés financiers informatisés prennent le contrôle de l'économie réelle et génèrent des profits considérables.

2 Les acteurs de la globalisation financière

- Les banques demeurent des acteurs majeurs : JP Morgan Chase et Bank of America aux États-Unis, HSBC au Royaume-Uni, BNP Paribas en France. Plus récemment, les banques chinoises se sont imposées (ICBC n° 1 mondial).
- Les investisseurs institutionnels (compagnies d'assurances, fonds de pension et d'investissement) effectuent 80 % des transactions. Les fonds spéculatifs (*hedge funds*) et les fonds souverains (qui dépendent des États) interviennent également.

3 Les risques de la globalisation financière

- La finance mondiale a connu de nombreuses crises, telle celle des *subprimes* en 2007-2008. L'interdépendance des marchés entraîne une contagion mondiale de la crise financière, qui contamine ensuite l'économie réelle via le système bancaire.
- Les capitaux vont s'investir dans des paradis fiscaux. Les FTN américaines y stockent 2 600 milliards de dollars.

II Les flux d'information au cœur d'un monde en réseau

1 La révolution des technologies de l'information

- Les innovations technologiques ont permis l'avènement d'un Internet mondial favorisé par la convergence des supports (ordinateurs, téléphones…).

- Les flux d'information circulent de façon réticulaire, non seulement via de grands groupes multimédias (CNN ou Disney), mais aussi via les réseaux sociaux (Twitter, Instagram...). De nouveaux acteurs se sont imposés (Google ou Facebook).

2 Flux d'information et économie numérique

- L'économie numérique bouleverse les localisations industrielles : un produit à forte composante technologique dépend d'abord de sa conception, très coûteuse, alors que sa fabrication matérielle devient presque marginale.
- Le commerce a basculé dans l'ère numérique (Amazon, Alibaba en Chine) et représente aujourd'hui 2 300 milliards de dollars. Le classique modèle B2C est concurrencé par le modèle C2C.

Mot clé

- Dans le **modèle B2C** (*business to consumer*), les entreprises vendent aux particuliers.
- Dans le **modèle C2C** (*consumer to consumer*), les particuliers s'échangent des biens entre eux, via des plate-formes numériques.

3 Les enjeux de la révolution de l'information

- La révolution des flux d'information a permis une connexion de la majorité des acteurs à travers le monde, y compris en Afrique, même si la connectivité est encore assez hiérarchisée.
- Mais ces flux d'information sont de plus en plus contrôlés et gérés par de grandes entreprises (Google, Amazon...) qui ont les capacités de stockage et d'analyse des quantités énormes de données générées par le numérique (*big data*).

L'ESSENTIEL

Flux financiers →
- globalisation financière
- banques, investisseurs institutionnels, fonds spéculatifs et souverains
- risques accrus : crises systémiques, évasion fiscale (paradis fiscaux)

Flux d'informations →
- révolution des TIC : Internet – réseaux sociaux – groupes multimédias mondiaux
- nouvelle économie numérique (modèle C2C)
- flux contrôlés par de grandes entreprises

Les flux de marchandises et de services

49

☐ OK

Les flux de marchandises et de services ont connu une croissance explosive. Ils expriment et permettent la mondialisation de l'économie. Mais leur ralentissement récent, malgré une organisation logistique optimale, traduit un certain raccourcissement des chaînes de valeur.

I L'essor des flux de marchandises et de services

1 Les flux de marchandises

- La croissance du commerce international a été supérieure à celle du PIB mondial jusqu'à la crise de 2008. Depuis, elle lui est inférieure (– 22 % en 2009). Après une extension démesurée des chaînes de valeur, la production se rapproche des marchés de consommation.
- À l'échelle mondiale, sur presque 18 000 milliards de dollars d'échanges internationaux, les États-Unis demeurent le 1er importateur et le 2e exportateur mondial. Amérique du Nord, Europe et Asie orientale constituent toujours les pôles majeurs. Les biens manufacturés dominent nettement (63 %), devant les produits primaires (15 %).

2 Les échanges de services

- Les échanges de services s'effectuent selon quatre modes : la fourniture directe du service à travers une frontière (programmes TV satellite), la consommation du service à l'étranger (tourisme international), l'ouverture à l'étranger d'une filiale de services, et le déplacement d'un prestataire. Les services représentent aujourd'hui 22 % des échanges commerciaux dans le monde.
- Leur géographie reste très concentrée : les pays développés produisent 68 % des services exportés, 43 % pour la seule UE et 15 % pour les États-Unis, mais 2 % pour l'Afrique tout entière. La balance commerciale chinoise dans les services est la plus déficitaire du monde : – 240 milliards de dollars.

Mot clé

La **balance commerciale** calcule la différence entre exportations et importations, dans les échanges de biens, de services ou dans les échanges totaux.

II La révolution des transports

1 Les modes de transport

- Le transport aérien est le plus rapide mais le plus coûteux. Le transport maritime est devenu le premier outil de la mondialisation, avec chaque année plus de 10 milliards de tonnes transportées par de grandes compagnies maritimes (Maersk, MSC, CMA-CGM). Le transport ferroviaire est surtout développé en Europe pour les produits pondéreux. Le transport routier demeure considérable.
- Certains acteurs se sont imposés comme des compagnies logistiques intermodales : ces « intégrateurs » (UPS ou FedEx) assurent le transport des marchandises jusqu'au client final.

2 La nouvelle organisation logistique

- Tous les modes de transport ont mis en œuvre la nouvelle organisation logistique en « *hub and spokes* » (« moyeu et rayons »), qui permet d'optimiser les coûts. Les « hubs » sont de véritables plates-formes multimodales, aujourd'hui très automatisées et pilotées par des systèmes informatiques de pointe.

> **Mot clé**
> Une **plate-forme multimodale** est un espace productif permettant le transfert ultrarapide des marchandises d'un moyen de transport à un autre.

- La géographie de ces espaces productifs de services favorise évidemment les interfaces : zones portuaires et aéroportuaires à proximité des grands foyers de peuplement et de production américains, européens ou asiatiques, mais aussi lieux de situation privilégiée (port d'éclatement ou hub de Singapour ou de Dubaï).

L'ESSENTIEL

Essor des flux de marchandises et de services

- flux de marchandises : croissance moins vive depuis 2008
- échanges de services encore très concentrés

Révolution des transports

- transport maritime, outil essentiel de la mondialisation
- Grandes compagnies maritimes et logistiques
- nouvelle organisation logistique : « hub and spokes »
- rôle des interfaces

Littoralisation et métropolisation des espaces productifs

50

☐ OK

Les espaces productifs connaissent un double processus de littoralisation et de métropolisation, au profit de lieux à l'accessibilité maximale.

I La métropolisation des espaces productifs

1 La concentration des pouvoirs

- Les grandes métropoles mondiales sont les lieux où la production de richesses est maximale, parce qu'elles concentrent les fonctions à plus forte valeur ajoutée : de commandement et d'impulsion, de création et de services haut de gamme.
- Les métropoles attirent les emplois en raison de processus cumulatifs : leur population qualifiée, leurs moyens de communication ultramodernes, leur accessibilité, les externalités positives qui s'y associent. Les métropoles constituent des espaces centraux.

Mot clé

Les **externalités** sont les effets produits par un agent économique sans contrepartie monétaire. Elles sont négatives (pollution) ou positives (synergies entre entreprises voisines).

2 L'archipel mégalopolitain mondial

- Les métropoles fonctionnent en réseau et sont hiérarchisées, toutes n'offrant pas les mêmes types de services. Quatre villes mondiales dominent : New York, Londres, Tokyo et Paris. ▶ FICHE 39
- Ces métropoles dessinent un archipel mégalopolitain mondial : centré sur les pôles anciens de la Triade (Amérique du Nord, Europe occidentale, Japon), il intègre de plus en plus de métropoles des Suds émergents (Shanghai, Singapour, Mumbai ou São Paulo).

II La littoralisation des espaces productifs

1 Espaces littoraux, espaces productifs

- 40 % de la population mondiale vit à moins de 60 km d'un littoral. Dans une économie mondialisée où le transport maritime assure 90 % du trafic de marchandises, les interfaces maritimes sont des espaces productifs privilégiés. La mondialisation accentue donc la littoralisation de l'économie.

- Les ports ont été modernisés et largement développés en de véritables zones industrialo-portuaires. Les industries se sont implantées dans les ports, profitant ainsi des matières premières à moindre coût. Les industries lourdes chinoises ou indiennes se sont ainsi installées près des ports de Shanghai ou Mumbai.

2 La recomposition des façades maritimes

- Certaines façades maritimes de grande dimension jouent ainsi un rôle essentiel dans la production de richesses à l'échelle mondiale. Certaines recoupent les métropoles de l'archipel mégalopolitain mondial (mégalopoles américaine et japonaise). Le Northern Range constitue la porte d'accès à la mégalopole européenne, via les ports du Havre, d'Anvers, de Rotterdam ou de Hambourg.

Mot clé

Le **Northern Range** (traduit par « rail » ou « rangée » européen/ne) constitue la façade maritime de la mégalopole européenne, centrée sur l'Europe rhénane. Son débouché essentiel est le premier port d'Europe, Rotterdam.

- Avec l'émergence de certains pays des Suds et leur insertion dans la mondialisation, les espaces productifs se sont diversifiés. De nouvelles façades maritimes se sont développées, telle la façade est-asiatique (de Singapour à la Corée en passant par les ports chinois), parfois centrées sur de grandes métropoles (Mumbai).

L'ESSENTIEL

Métropolisation des espaces productifs →
- concentration métropolitaine des fonctions à plus forte valeur ajoutée (commandement, conception)
- 4 villes mondiales dominantes (New York, Londres, Tokyo, Paris)
- archipel mégalopolitain mondial

Littoralisation des espaces productifs →
- interfaces maritimes : espaces productifs privilégiés
- ports : zones industrialo-portuaires
- nouvelles façades maritimes en développement (façade est-asiatique)

En France, des systèmes productifs mondialisés

51

☐ OK

La production française se réalise à travers une chaîne de valeur globale qui associe de multiples acteurs à de multiples échelles d'intervention.

I Les mutations du système capitaliste en France

1 Le fordisme

- Le fordisme se développe en France à partir des années 1950. La production de masse standardisée est réalisée par une main-d'œuvre spécialisée, aux méthodes de travail optimisées par le taylorisme.
- La conception se concentre dans les métropoles. Les espaces de la fabrication dépendent des voies de communication. Les zones industrialo-portuaires se développent (Fos, Le Havre).

2 Le toyotisme et le post-fordisme

- La crise des années 1970 provoque l'émergence du modèle toyotiste, fondé sur les flux tendus d'une production sans stock.
- Avec le post-fordisme, les robots pilotés par ordinateur permettent une production flexible. Conjugaison des révolutions informatique et robotique, le post-fordisme emploie des effectifs toujours plus qualifiés.

II Les anciens et les nouveaux modèles productifs

1 Le modèle ternaire de Clark (années 1940)

Le secteur primaire concerne l'extraction des matières premières, le secteur secondaire les transforme et le secteur tertiaire rassemble les services. Ce modèle familier est depuis longtemps obsolète.

2 Le modèle de Damette et Scheibling (années 1990)

- Ces géographes proposent un modèle en trois sphères intégrées : productive (activités de production concrète comme l'agriculture ou l'industrie) ; périproductive (activités concourant à la production telles que le commerce, le transport…) ; reproductive (fonctionnement du territoire et de la société comme l'administration, la santé…).
- Cette organisation ne rend toutefois pas complètement compte de la complexité de l'organisation des chaînes de valeur dans la mondialisation.

3 Le modèle centre-front-arrière de Veltz (années 2010)

L'économiste Pierre Veltz distingue activités de conception, de front (près des clients) et de l'arrière (production).

III Les logiques productives de la mondialisation

1 À l'échelle nationale

- Les logiques productives sont spatialement sélectives. Les zones gagnantes sont les régions frontalières, littorales et métropolitaines.
- Les investissements directs étrangers (IDE) placent la France au 7e rang mondial et 2e européen. Les investisseurs sont surtout européens (58 %). L'insertion de la France dans la mondialisation se fait prioritairement par l'intégration européenne.

2 À l'échelle locale

- Les IDE présentent une grande variété. Les régions gagnantes sont bien représentées (Fujitsu à Paris-Sud).
- Des régions moins favorisées ont des atouts géographiques, comme la proximité de la mégalopole européenne (effet-frontière). Beaucoup dépend de l'environnement local.

Mot clé

L'**effet-frontière** joue du différentiel entre deux zones, l'une riche et active mais manquant de main-d'œuvre, l'autre plus pauvre avec du chômage.

L'ESSENTIEL

La mondialisation des modèles et systèmes productifs

- Mutations du système capitaliste (fordisme, toyotisme, post-fordisme)
- Anciens et nouveaux modèles productifs (Clark, Damette et Scheibling, Veltz)
- ▸ Logiques productives de la mondialisation (zones métropolitaines, littorales, frontalières)
  ▸ Insertion française dans la mondialisation par l'intégration européenne

Mutation et recomposition des systèmes productifs français

52

☐ OK

Les systèmes productifs français connaissent des recompositions considérables sous l'effet de la mondialisation et de l'intégration européenne, mais aussi des évolutions politiques, techniques ou sociales.

I Les mutations des systèmes productifs agricoles

- La **révolution agricole** date en France des années 1950 et met en place une **agriculture productiviste**, à hauts rendements et forte productivité. Mécanisation, motorisation, chimisation et hybridation conduisent à l'apparition d'agrosystèmes. La construction européenne, à travers la **politique agricole commune** (1962), a accompagné cette mutation qui a conduit à l'indépendance alimentaire et au-delà.
- L'agriculture française est devenue une **agriculture de marché**. Les structures agraires se sont concentrées et les terroirs se sont spécialisés. L'intégration entre agriculture, industries (mécaniques ou agroalimentaires) et services (banque, commercialisation) débouche sur un **système agro-industriel**.
- La France est ainsi la **1re puissance agricole d'Europe** et la **5e au monde**, bien que sa part soit en recul, avec des points forts dans les céréales, vins et produits laitiers. Toutefois, une partie du système productif évolue désormais vers une **agriculture de qualité**, en filières courtes, plus locale, moins insérée dans le marché mondial.

II Désindustrialisation et recomposition industrielle

- La désindustrialisation se mesure au **recul du nombre d'emplois** (11 %), à la **part dans le PIB national** (12 %), aux **pertes de part de marché mondial à l'exportation** (3,5 %). Cependant, certains secteurs demeurent compétitifs : aéronautique, armement, luxe, agroalimentaire. Mais nombre sont en déclin, voire en voie d'extinction.
- Ce déclin industriel se marque par la crise des anciennes régions du Nord et de l'Est. La **reconversion de ces friches industrielles** est difficile. La situation géographique de ces régions n'est cependant pas dépourvue d'atouts : développement métropolitain à Lille, IDE Toyota près de Valenciennes.

- Les industries high tech se déploient en Île-de-France et dans les grandes métropoles, qui offrent un écosystème propice à l'innovation (main-d'œuvre, aménités, réseaux). Ces régions sont aussi les plus performantes pour la localisation des services, avec lesquels les activités industrielles sont intégrées de façon croissante.

III Des systèmes productifs largement « tertiarisés »

- 75 % de la population active française travaille dans les services, secteur très intégré avec les deux autres secteurs. Les services présentent une très forte hétérogénéité : services marchands (payés à l'acte) et non marchands, publics ou privés, banals ou rares (tertiaire supérieur).
- La répartition géographique des services est très différenciée. Les services banals se calquent sur la répartition de la population (commerce, transports), ils survivent plus difficilement dans les zones peu denses. Les services aux entreprises à forte valeur ajoutée se localisent en centre-ville ou en périphérie connectée (La Défense).
- La France est le 4e exportateur mondial de services (250 milliards de $ en 2017), avec un solde commercial positif (+ 10 milliards de $). Certains services sont délocalisables. D'autres dépendent de l'économie résidentielle ou présentielle ou bénéficient de facteurs territorialisés (tourisme) ou du besoin d'un face-à-face physique.

Mots clés

- L'**économie résidentielle** dépend de la population installée sur le territoire (ex. : coiffeur ou plombier).
- L'**économie présentielle** dépend de la population présente, donc inclut les touristes.

L'ESSENTIEL

Mutation et recomposition des systèmes productifs français

- **Mutation des systèmes agricoles**
  → agriculture productiviste, PAC, système agro-industriel
- **Désindustrialisation et recomposition industrielle**
  → régions en reconversion/régions innovantes
- **Tertiarisation**
  → services haut de gamme métropolitains, économie résidentielle/présentielle

Dynamiques et politiques des systèmes productifs français

53

☐ OK

Les dynamiques mondialisées ont de puissants effets sur les territoires, que les politiques d'aménagement tentent d'organiser.

I Les dynamiques spatiales

1 La métropolisation des systèmes productifs

- Si persiste, dans une certaine mesure, l'opposition classique entre une France du Nord et de l'Est plus industrielle et une France du Sud et de l'Ouest plus agricole, les emplois tertiaires l'emportent partout avec plus de 70 % de l'emploi total.
- Les métropoles ont cependant tendance à concentrer les emplois, l'Île-de-France en tête. La région-capitale demeure la 1re région industrielle (20 % de la valeur ajoutée) et tertiaire.

2 Délocalisation, relocalisation : des dynamiques contradictoires ?

- L'intégration à la mondialisation des systèmes productifs français s'est traduite par la transnationalisation des plus grandes firmes (délocalisations, IDE, sous-traitance).
- Cependant, ces logiques ne sont pas exclusives de phénomènes de relocalisation. Les systèmes territoriaux, avec leurs réseaux d'acteurs et leurs qualifications parfois anciennes, présentent des atouts considérables dans une économie de la connaissance où le coût de la main-d'œuvre est moins décisif que sa compétence.

Mot clé

L'**économie de la connaissance** repose sur le traitement de l'information et la création de nouvelles connaissances. Elle met en œuvre un capital immatériel décisif : la haute qualification et la créativité de la main-d'œuvre.

II Les politiques d'aménagement

1 Favoriser la reconversion des territoires en crise

- Face aux crises entraînées par les mutations des systèmes productifs, des politiques ont été mises en œuvre, par de multiples acteurs : État, collectivités territoriales, UE, privé.

- En 1967 sont ainsi lancées les zones de conversion dans les territoires marqués par les industries de première génération (mines, sidérurgie, textile, chantiers navals). En 1982, la prime d'aménagement du territoire fait son apparition. En 1984 sont lancés les pôles de conversion. Suivent en 2002 les conventions de revitalisation.
- Tous ces dispositifs, financés par l'État, puis l'Union européenne, tentent de recréer de l'emploi, de réhabiliter les friches industrielles, d'attirer de nouvelles entreprises… avec des succès divers.

2 Favoriser l'innovation des territoires compétitifs

- Pour bénéficier d'économies d'agglomération, se sont constitués des systèmes productifs locaux. Ils prennent parfois la forme de districts industriels, centrés sur une activité spécifique (décolletage de la vallée de l'Arve). Les clusters associent entreprises et centres de recherche.

Mot clé

Les **systèmes productifs locaux (SPL)** sont des groupes d'entreprises en réseaux, ancrés dans leur territoire.

- L'État peut créer des regroupements d'entreprises et de centres de recherche et de formation, publics et/ou privés : ce sont les technopôles (Sophia-Antipolis dans l'arrière-pays niçois). Aujourd'hui, toutes les métropoles ont le leur.
- Enfin, l'État a lancé, en 2004, la politique d'aménagement des pôles de compétitivité, territoires de projet réunissant entreprises et centres de recherche et de formation autour d'une thématique commune, fortement ancrés dans le territoire mais ouverts sur la mondialisation. Il en existe aujourd'hui 65 (ex. : Mov'eo, à Rouen, sur les mobilités du futur). Cette politique des pôles de compétitivité a été confirmée pour 2019-2022.

L'ESSENTIEL

Dynamiques et politiques

- métropolisation des systèmes productifs (Île-de-France)
- délocalisation et relocalisation (systèmes territoriaux, économie de la connaissance)

- accompagner la reconversion (recréer de l'emploi en attirant des entreprises)
- favoriser l'innovation (SPL, districts, clusters, technopôles, pôles de compétitivité)

Quiz EXPRESS

54

Avez-vous bien révisé les fiches 46 à 53 ? On vérifie !

Diversification des espaces et acteurs de la production

1 Les espaces de production dans le monde

▶ FICHES 46 À 50

1. Qu'est-ce qui montre le poids économique énorme des FTN ?

☐ **a.** Elles créent plus de la moitié du PIB mondial.

☐ **b.** Elles emploient 5 % des actifs.

☐ **c.** Elles effectuent la quasi-totalité des IDE dans le monde.

2. Qu'est-ce que le modèle bipolaire ?

☐ **a.** au Nord la production, au Sud la conception.

☐ **b.** au Nord la conception, au Sud la fabrication.

☐ **c.** au Nord l'innovation, au Sud la conception.

3. Quelle est la forme la plus élaborée d'organisation logistique ?

☐ **a.** *Point to point* ☐ **b.** *Hub and spokes* ☐ **c.** Ni l'une ni l'autre

4. Quelle façade maritime connaît actuellement le plus fort développement ?

☐ **a.** la façade est-américaine ☐ **b.** le Northern Range

☐ **c.** la façade est-asiatique

2 Les systèmes productifs français

▶ FICHES 51 À 53

1. Dans la mondialisation actuelle, les régions gagnantes sont les régions…

☐ **a.** frontalières. ☐ **b.** littorales. ☐ **c.** métropolitaines.

2. Quels sont les points forts de l'industrie en France ?

☐ **a.** l'aéronautique ☐ **b.** les chantiers navals

☐ **c.** l'armement

3. Quelles sont les formes possibles de transnationalisation des entreprises ?

☐ **a.** la délocalisation d'unités de production

☐ **b.** la sous-traitance ☐ **c.** les IDE

CORRIGÉS

1 Les espaces de production dans le monde

1. Réponses a et c. Toutes les réponses sont justes, mais seules les a et c font état du poids économique des firmes transnationales. La réponse b montre leur extrême productivité.

2. Réponse b. Le modèle bipolaire – aujourd'hui obsolète – reposait sur le partage des tâches entre un Nord qui conservait les tâches de commandement et un Sud dédié à la fabrication.

3. Réponse b. Malgré les contraintes logistiques importantes qui pèsent sur le hub, le modèle « *hub and spokes* » est bien plus rentable que le « *point-to-point* ».

Info

En français, on peut traduire ***hub and spokes*** par « moyeu et rayons », mais l'usage autorise à utiliser les termes anglais.

4. Réponse c. La façade est-asiatique est notamment liée à la croissance économique chinoise.

2 Les systèmes productifs français

1. Réponses a, b et c. Les régions frontalières bénéficient de différentiels. Les régions littorales profitent du « désir de rivage ». Les régions métropolitaines sont propices à l'innovation.

À noter

On parle parfois d'**haliotropisme** ou de **thalassotropisme** pour désigner l'attraction littorale.

2. Réponses a et c. L'aéronautique et l'armement sont fortement exportateurs. Les chantiers navals ont beaucoup décliné.

3. Réponses a, b et c. Les entreprises peuvent en effet fermer un site en France pour le transférer ailleurs, sous-traiter ou investir à l'étranger sur un nouveau site.

FLASHCARDS

Mémorisez les idées clés des fiches 46 à 53

55

Diversification des espaces et acteurs de la production

1

Pourquoi peut-on dire que les FTN sont au centre de l'économie mondialisée ?

FICHE 46

2

Qu'est-ce que la nouvelle division internationale du travail ?

FICHE 47

3

Quels sont les aspects nouveaux de l'économie numérique ?

FICHE 48

4

Pourquoi les espaces littoraux attirent-ils les activités productives ?

FICHE 50

5

Quels sont les trois modèles de production capitaliste qui se sont succédé depuis 1945 ?

FICHE 51

6

Quelles sont les mutations des systèmes productifs agricoles français ?

FICHE 52

7

Quelles sont les dynamiques spatiales des systèmes productifs français ?

FICHE 52

8

Comment les pouvoirs publics ont-ils tenté de favoriser l'innovation des systèmes productifs ?

FICHE 53

RÉPONSES

Efforcez-vous de répondre aux questions par vous-même avant de consulter les réponses, puis révisez régulièrement pour bien mémoriser.

1

Avec 5 % des actifs, les **FTN** réalisent environ 50 % du PIB mondial et les deux tiers du commerce, dont un tiers pour le seul commerce intrafirmes. Elles contrôlent la quasi-totalité des IDE.

2

La **nouvelle division internationale du travail** repose sur une segmentation de la chaîne de valeur, chaque acteur produisant une partie de la richesse en fonction de ses avantages comparatifs.

3

L'**économie numérique** se différencie de l'économie productive traditionnelle par la forte valeur ajoutée de ses produits et le coût très faible de leur fabrication en nombre.

4

Les **espaces littoraux** sont les plus accessibles dans une **économie** fondée sur les échanges de marchandises à 90 % maritimes. Leur situation d'interface en fait des espaces de production privilégiés.

5

1. le système **fordiste** (production standardisée)
Dans les années 1990 s'épanouissent :
2. le **toyotisme** (flux tendus)
3. le **post-fordisme** (robotique, informatique)

6

Les **systèmes productifs agricoles** ont bénéficié de la **révolution agricole** et de la PAC pour construire un véritable système agro-industriel à forte technicité et tourné vers le marché.

7

Les **métropoles** concentrent les emplois et les activités. Malgré les délocalisations, les **systèmes territoriaux** conservent des atouts importants dans une économie de la connaissance.

8

Les **pouvoirs publics** ont développé des systèmes fortement territorialisés (SPL, districts, clusters), ont créé des technopôles (Sophia-Antipolis) puis des pôles de compétitivité.

La fragmentation des espaces ruraux dans le monde

56

☐ OK

Les espaces ruraux connaissent d'importantes transformations sous l'effet de la mondialisation et de la métropolisation. Toutefois, ils abritent des activités traditionnelles.

I Des espaces ruraux en mutation

1 Des dynamiques démographiques contrastées

- À l'échelle mondiale, l'exode rural reste la norme, principalement dans les Suds. Dans les Nords, la transition urbaine est quasiment achevée depuis la fin du xxe siècle.
- Après des décennies de baisse dans les pays industrialisés, la population rurale s'est stabilisée, voire a augmenté (Autriche). Certains géographes ont pu parler de « renaissance rurale ». Il s'agit d'espaces ruraux bien spécifiques : proches des axes de communication, des périphéries des villes, des lieux touristiques.

Mot clé

L'**espace rural** se définit par une faible densité, par la prédominance des formations végétales dans les paysages et par l'importance des activités agricoles.

- En Asie du Sud-Est, les campagnes ont des densités de population très élevées (Chine, Inde), qui peuvent atteindre 1 000 hab/km². En revanche, en Afrique subsaharienne et en Amérique du Sud, grâce à la transition démographique, des espaces ruraux sous-peuplés ont vu leur population multipliée par dix en l'espace de 50 ans (Chiapas, Afrique des Grands Lacs).

2 La ville, source de croissance et de mutations

- Depuis la fin du xxe siècle, les activités agricoles reculent dans les campagnes sous le double effet de l'étalement urbain et de la modernisation. L'agriculture se maintient mais elle est de plus en plus concurrencée par de nouvelles activités.
- Les agriculteurs pluriactifs, les populations d'origine citadine et la diversification des activités non agricoles entraînent une forte multifonctionnalité.

II Les permanences du monde rural

1 Un fort accroissement naturel de la population rurale

Même si les villes connaissent une forte croissance depuis des décennies, les espaces ruraux continuent à accueillir une part importante de la population mondiale (en 2017, 45 %).

2 Des espaces souvent marginalisés

- L'exode rural se poursuit et prend de l'ampleur dans les Suds.
- Dans la plupart des pays pauvres, les espaces ruraux sont marqués par les activités traditionnelles. Ces campagnes, souvent isolées, ont accès à peu de services (Niger ou Bolivie).
- Dans les Nords, certains espaces sont soumis à la déprise rurale (Espagne ou Japon). Appelées aussi « rural profond », ces régions se caractérisent par une population plus âgée à faible mobilité.

Mot clé

La **déprise rurale** est un processus de fragilisation de l'espace rural, qui se caractérise par le dépeuplement des campagnes et par une disparition progressive des activités rurales.

3 Le maintien des inégalités

- Dans les espaces ruraux des Suds, les structures agricoles anciennes se maintiennent. Dans les pays d'Amérique du Sud, se côtoient les *microfundios* (petites exploitations agricoles souvent vivrières) et les *latifundios* (exploitations de plusieurs milliers d'hectares orientées vers les cultures d'exportation).
- Dans les Nords, les grandes exploitations tournées vers l'agriculture intensive dominent. Toutefois, depuis quelques décennies, de plus en plus de néoruraux créent de petites structures agraires qui adoptent une agriculture de qualité.

L'ESSENTIEL

Mutations
- croissance démographique (forte dans les Suds, plus faible dans les Nords)
- multifonctionnalité

Les espaces ruraux dans le monde

Permanences
- accroissement naturel en hausse
- exode rural
- inégalités

Une affirmation des fonctions non agricoles

57

☐ OK

Les espaces ruraux voient leurs activités traditionnelles décliner au profit de fonctions non agricoles. On parle désormais d'espaces ruraux multifonctionnels.

I Habiter les espaces ruraux

1 Les conséquences de la métropolisation

Les espaces ruraux associent une grande diversité de modes d'habiter. Face à l'urbanisation croissante, les campagnes sont soumises à un double processus : l'exode rural et la périurbanisation. ▶ FICHE 56 Cela entraîne des relations plus étroites avec la ville et une augmentation des inégalités entre les espaces ruraux.

Mot clé

Les **modes d'habiter** renvoient à des processus de construction des individus et des sociétés par l'espace et de l'espace par l'individu, dans un rapport d'interaction.

2 Le périurbain, une nouvelle approche de la vie rurale ?

- Le phénomène de périurbanisation est concomitant à celui d'étalement urbain. Le périurbain, espace fortement connecté à la ville, est apparu, en Europe, dans les années 1960-1970. Dans les Suds, depuis le début des années 2000, il connaît une très forte croissance.
- Cet espace se caractérise par une forte mobilité car les emplois et les loisirs sont souvent urbains. Ainsi, 70 % des périurbains de l'agglomération se rendent quotidiennement à Mumbai pour y travailler.
- Dans les Nords, les périurbains sont issus des classes moyennes et vivent dans des maisons individuelles tandis que, dans les Suds, ce sont généralement des néo-urbains pauvres qui vivent dans des habitats informels.

3 Un renouveau des populations rurales

- Les populations agricoles sont, paradoxalement, de moins en moins nombreuses dans les espaces ruraux. Leurs revenus stagnent et l'impression de déclassement social domine.
- Les néoruraux des Nords ont des professions variées. Ils cherchent à avoir un rapport de proximité avec la nature et des valeurs perçues comme plus authentiques. Ce phénomène est appelé périruralité.

II Des activités non agricoles de plus en plus variées

1 De nouvelles activités industrielles

- Les espaces ruraux accueillent des industries agroalimentaires, agro-énergétiques, minières ou textile.
- Les districts industriels des pays riches se sont spécialisés dans des secteurs de pointe (orfèvrerie au Nord de l'Italie ; horlogerie dans la « *Watch valley* » en Suisse).
- Dans les pays en développement, l'industrie des espaces ruraux se limite à l'extraction minière (Mali, Bolivie) ou à une petite industrie locale très spécialisée (les *small-scale industries* en Inde).

Mot clé

Le **district industriel** ou système productif local, concentre sur un territoire, des petites entreprises, spécialisées dans un secteur d'activité, à la fois concurrent et complémentaire.

2 Un secteur tertiaire dynamique grâce au tourisme

- Le secteur tertiaire est celui qui tire la croissance des espaces ruraux et représente 70 % des richesses créées grâce notamment au télétravail, au *coworking* ou aux sociétés tournées vers les nouvelles technologies.
- Le tourisme demeure la principale dynamique. Les campagnes sont des espaces récréatifs, depuis les années 1950, dans les pays du Nord et, depuis le début du XXIe siècle, dans les pays émergents.
- Les espaces ruraux touristiques sont des campagnes où les activités spécifiques peuvent se développer : l'agrotourisme, l'écotourisme ou le tourisme culturel.

L'ESSENTIEL

Diversification des modes d'habiter →
- conséquence de la métropolisation
- périurbanisation
- renouvellement des populations (néoruraux)

Diversification des activités →
- nouvelles activités industrielles
- dynamisme du secteur tertiaire

Des conflits d'usage à toutes les échelles

58

OK

Fortement anthropisés, les espaces ruraux sont traversés par de nombreuses tensions liées à la mise en valeur des ressources et à l'aménagement.

I Un espace fragilisé à l'échelle mondiale

- Les sols et les habitats naturels subissent de nombreuses atteintes à cause de l'agriculture : salinisation, érosion, contamination des eaux, perte de biodiversité. Les forêts sont aussi victimes de l'exploitation excessive. Les fronts pionniers agricoles ont entraîné la disparition de 2,4 millions de km^2 dans le monde entre 1990 et 2015.

> **Mot clé**
> Un **front pionnier agricole** est un espace mouvant de mise en valeur et de peuplement d'un territoire.

- L'agriculture productiviste peut avoir des conséquences néfastes sur les sols, les agriculteurs et les consommateurs. La digestion animale, le fumier, l'utilisation de fuel et d'engrais, l'agriculture et la foresterie sont responsables de 25 % des émissions de gaz à effet de serre.
- Le changement climatique pourrait profondément transformer les espaces ruraux. Inondations, sécheresses, cyclones sont de plus en plus fréquents.

II Les espaces ruraux et la mondialisation

- L'accaparement foncier ou *landgrabbing* connaît un important développement depuis la crise de 2008. De grands investisseurs privés ou publics négocient auprès des États pauvres des Suds (Asie, Afrique). Ce phénomène concerne les terres les plus productives et se fait au détriment des populations locales. Il peut être à l'origine de tensions (Éthiopie en 2016).
- Aussi bien dans les Nords que dans les Suds, la plupart des États encouragent l'agriculture productive et exportatrice (*agrobusiness*) au détriment des petites exploitations. Aux États-Unis, le gouvernement subventionne, ainsi, les plus grandes exploitations agricoles afin de conquérir des marchés extérieurs (12 milliards de dollars en 2018). Cette politique appauvrit les petits exploitants des pays pauvres.

- Contrairement aux petits producteurs, les grandes exploitations utilisent les techniques les plus modernes pour atteindre des rendements élevés (OGM, intrants disséminés par avion). Les rendements sont très variables d'un pays à l'autre. Ainsi, pour le maïs, le rendement est de 8 t/ha aux États-Unis contre 0,8 t/ha au Congo (2016).

III Des conflits d'usage à l'échelle locale

1 Une multifonctionnalité source de conflits

- Les tensions les plus nombreuses se situent dans les campagnes périurbaines en raison de leur caractère multifonctionnel. Les industriels, les agriculteurs et les professionnels du tourisme n'ont pas les mêmes usages des ressources des espaces ruraux. Une rivière peut être source de conflits entre différentes activités : refroidissement d'une usine, pompage pour les cultures et rafting.
- Il peut aussi y avoir des tensions entre fonctions résidentielles et récréatives (vacanciers et population locale).

2 Urbanisation et patrimonialisation en question

- Avec l'étalement urbain, le foncier périurbain prend de la valeur, ce qui empêche les jeunes agriculteurs de s'installer. Dans les régions arides, comme la vallée du Nil, les terres agricoles diminuent au profit de l'artificialisation des sols.
- La patrimonialisation pose des problèmes. L'Unesco ne traite qu'avec les gouvernements pour l'inscription au patrimoine mondial. Les populations locales se sentent marginalisées et exclues de ce type de processus (parc des Virunga au Congo).

L'ESSENTIEL

Conflits d'usage à l'échelle mondiale
- atteintes à l'environnement
- encouragement de l'agrobusiness au détriment des petites exploitations
- accaparement foncier

Conflits d'usage à l'échelle locale
- multifonctionnalité
- hausse du foncier
- patrimonialisation

Une recomposition productive des espaces ruraux français

59

☐ OK

Les systèmes agricoles français ont été profondément remaniés et se sont diversifiés, depuis plusieurs années, du fait de leur insertion dans la mondialisation et de la prise en compte du développement durable.

I Les défis de la mondialisation

- **Premier producteur européen**, la France exporte 61 milliards d'euros de produits agroalimentaires. Elle a le 3e excédent commercial mondial mais celui-ci a été divisé par deux en huit ans.
- La France a de plus en plus de **difficultés à pénétrer le marché agricole mondial**. Elle ne représente plus que 4,7 % des exportations agricoles mondiales en 2015 contre 9 % en 1990. Elle subit la concurrence des pays émergents.
- L'Europe reste un marché important pour les agriculteurs français : 66 % des exportations agricoles sont à destination des membres de l'UE. Toutefois, de nombreux pays (Pays-Bas, Allemagne) concurrencent l'agriculture française.
- Depuis le début des années 1960, l'agriculture est **subventionnée** par l'État et l'UE (Politique agricole commune). À l'origine, cette politique avait pour ambition de moderniser l'agriculture. Aujourd'hui, elle vise à **développer une agriculture durable** et à **favoriser la libre concurrence**.

II De nouvelles logiques productives agricoles

1 Une agriculture majoritairement intensive et intégrée

- La **taille des exploitations agricoles** ne cesse d'augmenter en France. Les exploitants ont ainsi fait le choix de l'**agriculture productiviste** : optimiser leurs dépenses, vendre en grande quantité aux IAA et aux distributeurs.
- Le système agricole est très **intégré à l'industrie**. Ainsi, les IAA sont présentes en amont (fourniture de matériels et d'engrais) et en aval (achat des productions).

Chiffres clés

Les IAA (industries agroalimentaires) représentent **18 400 entreprises** pour un chiffre d'affaires de **170 milliards d'euros** (2017).

2 L'affirmation de modèles alternatifs

- Le **terroir** est au cœur des logiques agricoles alternatives. Voulant rompre avec les scandales alimentaires, certains exploitants se sont engagés dans une démarche de **traçabilité** et de **labellisation** : AOC (appellations d'origine contrôlée), IGP (indications géographiques protégées) ou AB (agriculture biologique). La France est le **premier pays producteur mondial de produits de qualité**.
- De plus en plus d'agriculteurs font le choix de « **désintensifier** » en diminuant, voire en supprimant, les intrants. Le ministère de l'Agriculture encourage cette démarche et fixe, d'ici 2022, à 15 % la part de la superficie agricole **certifiée biologique**.

III Une diversification des agrosystèmes

- Les **agrosystèmes céréaliers** sont associés aux vastes exploitations et à l'*openfield*. Blé et orge dominent, colza, tournesol, betterave, pomme de terre sont les cultures les plus courantes. C'est souvent une **production intensive** et **exportatrice**.
- Le **secteur laitier** et l'**élevage** souffrent en France depuis le début du XXIe siècle à cause de la **forte concurrence** et des **prix d'achat peu élevés**. Cela s'explique par la forte diversité des productions et la petite taille des exploitations. Ces deux secteurs se sont aussi engagés dans une **démarche qualité**.
- Les **systèmes viti-vinicoles** français se sont engagés depuis de nombreuses années dans une **logique de terroir** (Bourgogne, Médoc) mais celle du cépage (malbec, syrah, cabernet-sauvignon) et celle de l'agriculture biologique commencent à gagner les esprits des professionnels.

L'ESSENTIEL

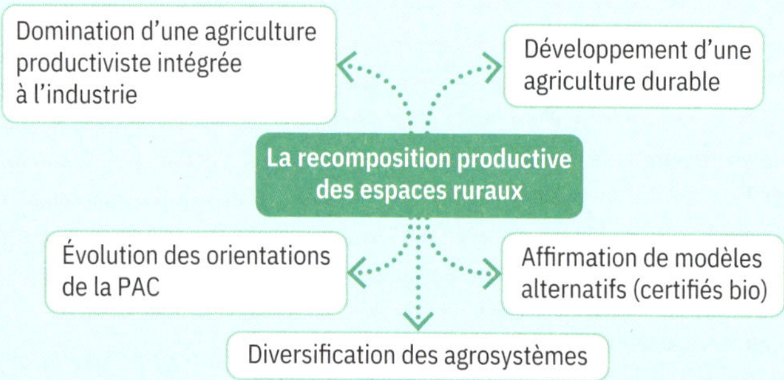

Les effets de la métropolisation sur les espaces ruraux français

60

☐ OK

Les rapports ville-campagne ont été profondément transformés sous l'effet de la métropolisation. Les espaces ruraux semblent reculer alors que les néoruraux sont de plus en plus nombreux.

I Une modification des rapports ville-campagne

- Tous les espaces ruraux connaissent un **renouveau démographique** depuis 1999, même si ce phénomène touche surtout les campagnes proches des villes. ▶ FICHE 61
- Villes et campagnes sont **interdépendantes**. La première fonction des espaces ruraux reste de nourrir les villes. C'est aussi un **espace récréatif** pour les urbains et un **espace disponible** pour les stratégies d'entreprises (faible coût du foncier).
- La **métropolisation** reconfigure les rapports entre les espaces en faisant notamment le vide autour des grandes métropoles. Ainsi, Toulouse a longtemps « aspiré » les activités de la région Midi-Pyrénées.
- Les ménages ruraux sont plus motorisés que la moyenne des Français (93 %), en raison d'une faible desserte par les transports en commun et de la **nécessité de se déplacer** pour toutes les activités (emplois, loisirs, éducation) et la majorité des services (poste, santé, trésor public).

Chiffre clé

Selon les prévisions de l'Insee, **38 millions d'habitants** devraient être périurbains ou ruraux en 2030, soit 56 % de la population, contre 48 % actuellement.

II Des espaces ruraux urbanisés

- « Tiers espace », le **périurbain** se situe entre ville et campagne. On y retrouve une forte fonction résidentielle, une sociologie essentiellement urbaine et des activités multifonctionnelles (agriculture, services, industrie).
- L'**étalement** augmente la durée des **migrations pendulaires**, favorise la congestion des radiales et, par conséquent, les émissions polluantes (Saint-Denis de la Réunion).
- Le « **rural profond** » subit l'éloignement de la ville. Les activités y sont peu nombreuses, la population vieillissante. Dans certains cas, cet

espace peut attirer des touristes lorsqu'ils disposent d'une agriculture de qualité ou de paysages exceptionnels (Sud du Massif central).

- Certains espaces ruraux tirent avantage de l'enclavement avec le **tourisme vert ou d'aventure** (Hauts de la Réunion). D'autres bénéficient des fonds versés par l'Europe : **FEDER** (Fonds européen de développement régional), **FEADER** (Fonds européen agricole pour le développement rural).

III La multiplication des conflits d'usage

- L'**étalement urbain** entraîne la multiplication des conflits entre les différents acteurs du périurbain et du rurbain. Les néoruraux importent leur mode de vie urbain dans des espaces qui restent le plus souvent agricoles. La chasse, l'exploitation des champs, l'élevage, le chant du coq sont autant de conflits potentiels entre les habitants.

- La **création d'infrastructures** à destination des urbains dans les espaces ruraux peut susciter aussi de longs conflits (aéroport de Notre-Dame-des-Landes, Center Parcs de Roybon).

- Enfin, la **disparition de surfaces agricoles** au profit des villes pose à terme des défis majeurs. Toutes les 5,5 années, au rythme actuel, l'équivalent d'un département est bétonné. Procédant par mitage, l'urbanisation actuelle répond aux désirs de plus en plus d'urbains de posséder une maison individuelle.

Mot clé

Le **mitage** est l'éparpillement, sans cohérence, d'infrastructures, d'habitats, de zones d'activité dans des espaces initialement ruraux.

L'ESSENTIEL

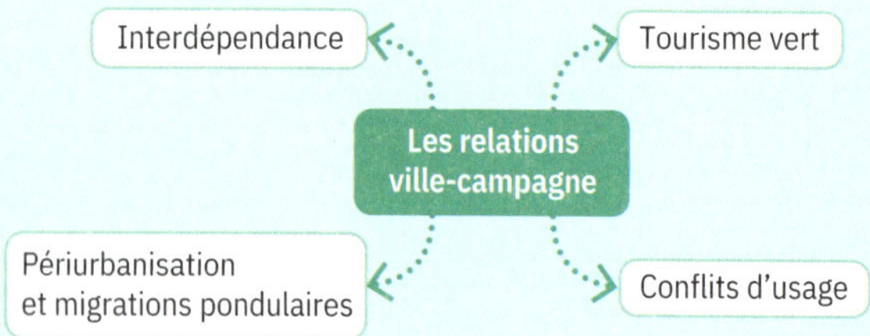

En France, un renouveau des populations rurales ?

61

☐ OK

Depuis les années 1990, les espaces ruraux connaissent un renouveau démographique. Si la reprise est inégale, l'arrivée de nouvelles populations annonce, pour certains géographes, la « renaissance du rural ».

I Une recomposition démographique

1 Des mutations démographiques et sociales

- Les campagnes connaissent un renouveau démographique grâce à la périurbanisation et au retour résidentiel de retraités.
- Dans les espaces ruraux français, les agriculteurs sont devenus minoritaires (environ 6 % des habitants), tandis que les ouvriers représentent un tiers des habitants, les retraités presque la moitié et les cadres près d'un cinquième. Le choix de s'installer à la campagne est souvent motivé par le prix du foncier, la volonté d'être plus proche de la nature et la recherche de l'entre-soi.
- Les espaces ruraux accueillent des populations aux revenus très inégaux. Les revenus modestes peuvent représenter jusqu'à 50 % des habitants.

Mot clé

La recherche de l'**entre-soi** désigne la tendance à vivre entouré de personnes semblables à soi sur les plans culturel, social ou économique.

2 Une société rurale fragmentée ?

- Loin de se mélanger, les néoruraux préfèrent habiter dans des pavillons en périphérie des villages, les agriculteurs vivent plus isolés ou dans les noyaux villageois.
- Cette fragmentation peut se traduire sur le plan électoral (listes concurrentes), par le mode de vie (mobilités, loisirs) ou les conflits (bruits, circulation).

II Habiter les espaces ruraux

1 De nouvelles pratiques

- Les ruraux doivent parcourir des distances supérieures à la moyenne des Français, ce qui a un coût en termes de budget. ▶ FICHE 60

Les **lieux de sociabilité** (cafés, commerces) sont de plus en plus nombreux à fermer malgré les subventions publiques.

Les **associations** jouent un rôle primordial. Un tiers des ruraux, pour lutter contre la solitude et l'isolement, participent au moins à une association.

2 Un accès inégal aux services

À l'échelle nationale, l'accès aux services est plus élevé dans les espaces ruraux que dans certaines banlieues. Toutefois, on observe d'**importantes disparités**.

Les **services publics se raréfient** : 28,5 % des communes françaises ne disposent pas d'école.

> **Chiffres clés**
>
> En moyenne, les ruraux doivent parcourir **4 km** pour trouver un médecin, **10 km** pour un magasin de vêtements, **25 km** pour se rendre au collège.

3 Une population vieillissante

Dans les espaces ruraux, les plus de 60 ans représentent jusqu'à un tiers des habitants (contre un quart à l'échelle nationale).

Deux facteurs expliquent ce phénomène. Dans le **rural profond**, la population âgée stagne. Dans les espaces **ruraux attractifs**, elle progresse grâce à l'arrivée de nombreux retraités, qui ne sont pas originaires de ces régions (arrière-pays et littoraux atlantiques et méditerranéens).

Pour certains géographes, la « France ridée » est peu dynamique. Ce constat est à nuancer de nombreux espaces ruraux tirent profit de la **« *silver* économie »** grâce aux maisons de retraite et aux emplois d'aide à la personne.

L'ESSENTIEL

Le renouveau des populations rurales

Recomposition démographique
- agriculteurs minoritaires
- inégalités de revenus
- fragmentation de la société rurale

Disparités des modes de vie
- accès inégal aux services
- population vieillissante
- « *silver* économie »

Quiz EXPRESS 62

Avez-vous bien révisé les fiches 56 à 61 ? On vérifie !

Les espaces ruraux

1 Les espaces ruraux dans le monde

▶ FICHES 56 À 58

1. Comment évolue la population rurale à l'échelle mondiale ?

☐ a. Elle baisse globalement.

☐ b. Elle augmente globalement.

☐ c. Elle stagne dans certaines régions.

2. Comment appelle-t-on les urbains qui s'installent dans les espaces ruraux à proximité des métropoles ?

☐ a. les périurbains ☐ b. les rurbains ☐ c. les néoruraux

3. Quelle superficie de forêts les fronts pionniers ont-ils fait disparaître entre 1990 et 2015 ?

☐ a. 2,4 millions de km^2

☐ b. 30 000 km^2

☐ c. 16 millions de km^2

4. Qui pratique le *landgrabbing* ?

☐ a. des petits paysans ☐ b. des FTN ☐ c. des États

2 La France : des espaces ruraux multifonctionnels

▶ FICHES 59 À 61

1. Les principaux concurrents agricoles de la France en Europe sont…

☐ a. la Grèce et la Norvège.

☐ b. l'Allemagne et les Pays-Bas.

☐ c. la Russie et l'Espagne.

2. La croissance démographique dans les espaces ruraux français est due à…

☐ a. l'absence de croissance démographique.

☐ b. un solde migratoire positif.

☐ c. l'accroissement naturel.

CORRIGÉS

1 Les espaces ruraux dans le monde

1. Réponses b et c. Grâce à l'accroissement naturel, la population rurale mondiale augmente. Dans certains pays riches, elle stagne, augmente légèrement ou baisse (exode rural).

2. Réponses a et c. Les périurbains sont des néoruraux. Ils habitaient le plus souvent en ville auparavant. Ils importent dans les espaces ruraux leur manière de vivre.

3. Réponse a. C'est un peu plus que la taille de l'Algérie qui a disparu entre 1990 et 2015. La superficie défrichée augmente chaque année (294 000 km^2 déboisés en 2017).

4. Réponses b et c. Ce sont les États qui vendent les terres les plus fertiles à des fonds souverains d'autres États ou à des FTN.

Chiffre clé

En 2017, 1 300 transactions liées au *land grabbing* ont été effectuées, ce qui correspond à **50 millions d'hectares**.

2 La France : des espaces ruraux multifonctionnels

1. Réponse b. L'Allemagne et les Pays-Bas ont beaucoup investi dans l'agriculture et l'élevage intensifs. La France se spécialise dans une agriculture de qualité.

2. Réponse b. La croissance démographique des espaces ruraux est uniquement due au solde migratoire positif. L'accroissement naturel demeure négatif faute de l'arrivée importante d'habitants jeunes.

Chiffres clés

L'agriculture biologique correspondait à **51 millions d'hectares** en 2015, pour un marché de **80 milliards d'euros**.

Les espaces ruraux

1

La transition urbaine est-elle achevée partout dans le monde ?

▶ FICHE 56

2

Outre l'agriculture, quelles sont les activités présentes dans les espaces ruraux ?

▶ FICHE 57

3

Quelles menaces environnementales pèsent sur les espaces ruraux ?

▶ FICHE 58

4

En quoi l'agriculture des Suds est-elle menacée par le *landgrabbing* ?

▶ FICHE 58

5

Quel est le type d'agriculture dominant en France ?

▶ FICHE 59

6

En quoi le mitage peut-il représenter un conflit d'usage ?

▶ FICHE 60

7

Pourquoi parle-t-on de fragmentation de l'espace rural ?

▶ FICHE 61

8

Dans quelle mesure peut-on parler d'une « renaissance » des espaces ruraux ?

▶ FICHE 61

RÉPONSES

Efforcez-vous de répondre aux questions par vous-même avant de consulter les réponses, puis révisez régulièrement pour bien mémoriser.

1

La **transition urbaine** est quasiment achevée dans les Nords alors que dans les Suds, l'exode rural reste très fort.

2

Il existe des **activités industrielles** dans les campagnes (*small-scale industries* en Inde). Par ailleurs, se développent de plus en plus d'**activités liées au tertiaire** comme le tourisme (parcs naturels).

3

Les **menaces environnementales** qui pèsent sur les espaces ruraux sont nombreuses : dégradation des sols, pollutions, diminution de la biodiversité, déforestation, artificialisation, changement global.

4

Avec l'**accaparement des meilleures terres** par des États plus riches et des FTN, les exploitants les plus pauvres des Suds voient leur sécurité alimentaire menacée.

5

Le **type d'agriculture dominant** en France est la culture céréalière productiviste. Elle se caractérise, le plus souvent, par de grandes exploitations.

6

Le **mitage** peut déstabiliser les habitudes des ruraux et nuit à la continuité des espaces cultivés, ce qui entraîne des conflits d'usage entre néoruraux et agriculteurs.

7

Les **campagnes proches** des métropoles profitent de la croissance et de l'arrivée de nouveaux services, contrastant avec le « **rural profond** » qui a de moins en moins de population et d'activités.

8

La « **renaissance des espaces ruraux** » est inégale : si elle s'observe près des littoraux, dans les régions méridionales ou touristiques, certaines zones voient leur population et leur économie décliner.

Développement et inégalités en Chine

64

☐ OK

Première puissance industrielle et pays le plus peuplé du monde (1,38 milliard d'habitants), la Chine connaît une forte croissance économique depuis son ouverture au monde en 1979. Toutefois, de grandes inégalités demeurent.

I Les ressorts du développement

1 Les trois moteurs de la croissance

- Depuis la fin des années 1970, la Chine s'est ouverte à l'économie de marché et s'est intégrée à la mondialisation : membre de l'OMC depuis 2001, elle était le 1er pays exportateur et 2e pays importateur au monde en 2017.
- La Chine bénéficie aussi d'une main-d'œuvre peu coûteuse, bien formée et peu revendicative. Par ailleurs, la monnaie (yuan) est plus faible que le dollar ce qui stimule les exportations. Par conséquent, produire en Chine est avantageux pour de nombreuses FTN. Le pays reste « l'atelier du monde ».
- L'État chinois investit dans les infrastructures et possède des entreprises dans les secteurs clés (banque, énergie). Il favorise l'émergence d'un marché intérieur pour réduire les inégalités et moins dépendre des exportations.

2 La Chine, investisseur mondial

- Depuis 2002, le gouvernement a lancé la politique *go abroad* (« aller à l'étranger ») afin de sécuriser l'approvisionnement en produits primaires, d'accéder directement aux technologies et aux marchés d'exportation. ▶ FICHE 65
- Les FTN chinoises investissent principalement dans les pays occidentaux (États-Unis, UE, Australie), les pays émergents (Brésil, Russie) et en Afrique. Parmi les investissements les plus importants, les « nouvelles routes de la Soie » (*Belt and Road Initiative*) ont pour but de développer les échanges avec l'Europe.
- La Chine est le premier détenteur mondial de devises étrangères et d'or (3 193 milliards de $ en 2017).

II Une croissance qui profite à tous ?

1 Des inégalités sociales fortes mais une pauvreté en diminution

Mot clé

L'**indice de Gini** mesure les inégalités entre 0 (égalité parfaite) et 1 (inégalité complète).

- La pauvreté a fortement diminué en Chine. 2,1 % des Chinois vivaient avec 1 $ par jour en 2017 contre 78 % en 1980. Les inégalités reculent : l'indice de Gini est passé de 0,49 en 2008 à 0,46 en 2018.
- Une partie de l'enrichissement des Chinois s'explique par le contrôle de la démographie (politique de l'enfant unique entre 1979 et 2015).
- En revanche, les inégalités ville-campagne restent importantes : le revenu annuel des ruraux s'établissait en 2016 à environ 1 570 euros par personne, contre près de 4 300 euros en zone urbaine.

2 Un régime menacé par des tensions ?

- 90 000 « incidents de masse » ont été comptabilisés en Chine en 2016 : émeutes, résistances locales passives (notamment au Tibet), grèves ou manifestations (+ 20 % par rapport à 2015).
- La croissance chinoise montre des signes d'essoufflement depuis quelques années. Cette situation suscite de nombreux débats en Chine.
- Les autorités tentent de réagir en faisant condamner des dirigeants corrompus. Xi Jinping, le président chinois, renforce son pouvoir pour faire taire les oppositions : plus grand contrôle sur la presse, affirmation du rôle du PCC, promotion du « rêve chinois ».

Mot clé

Le « **rêve chinois** », expression de Xi Jinping, date de 2013. Il mêle nationalisme, nouvelles technologies et société harmonieuse.

L'ESSENTIEL

Développement
- économie de marché
- main-d'œuvre peu coûteuse
- investissements de l'État en Chine et dans le monde

Inégalités
- sociales
- économiques
- entre villes et campagnes

Des ressources et des environnements sous pression

65

☐ OK

Les défis les plus importants pour l'économie et la population chinoise résident à la fois dans la sécurisation de l'approvisionnement des ressources et dans la prise en compte de l'équilibre environnemental.

I Le premier pays consommateur de ressources

1 Des besoins essentiels pour soutenir la croissance

- En 2010, la Chine est devenue le 1er pays consommateur d'énergies au monde (23 %), devant les États-Unis. Plus de 80 % de l'énergie consommée est d'origine fossile. Les consommations industrielle et domestique ne cessent d'augmenter (+ 6 % par an en moyenne).
- La Chine dispose de ressources naturelles qui ne suffisent pas à couvrir ses besoins. Elle est devenue le 1er importateur de pétrole. Ses ressources en eau s'épuisent aussi face à la hausse constante de la demande.

2 Un impératif : sécuriser les approvisionnements

- Les responsables chinois ont pour priorité de sécuriser les approvisionnements énergétiques et agricoles. La Chine compte peu de terres arables (utilisables) en raison du relief et de l'urbanisation.
- Par conséquent, la Chine cherche à s'assurer des approvisionnements réguliers en provenance de Russie et d'Asie centrale. Elle veut aussi contrôler des gisements off-shore (îles Paracels) et améliorer l'efficacité énergétique. Enfin, elle a pour ambition de diversifier son mix énergétique.
- Les acteurs de l'agroalimentaire ont voulu acquérir des terres à l'étranger (*landgrabbing*). Face aux difficultés juridiques, ils ont redéfini leur stratégie en achetant directement auprès des producteurs locaux.

II Vers la transition environnementale

1 Un développement prédateur

- Le développement économique chinois est responsable d'importantes émissions de gaz à effet de serre et d'une forte détérioration de l'environnement.

Chiffres clés

Selon l'université de Hong Kong, en 2017, la pollution en Chine aurait coûté **33 milliards d'euros** et entraîné la mort d'**un million de personnes**.

La Chine est confrontée à une crise environnementale. L'atmosphère des villes est souvent irrespirable. La pollution dégrade les sols et les eaux souterraines et de surface. Les déchets sont peu ou mal collectés et recyclés.

2 Une prise de conscience de l'opinion

- Selon l'OMS, la pollution serait responsable de la mort prématurée de centaines de milliers de Chinois et d'une augmentation rapide des cancers.
- Les problèmes environnementaux inquiètent et mécontentent de plus en plus la population. Cette crise devient ainsi un véritable enjeu politique.

3 « Verdir » l'économie

- Un des principaux objectifs du 13e Plan quinquennal lancé en 2016 est de diminuer la dépendance aux énergies fossiles et notamment de faire baisser la part du charbon dans le mix énergétique. Un autre est d'enclencher la transition énergétique en investissant dans les énergies alternatives et les technologies vertes (les entreprises chinoises dominent déjà ce secteur).
- Le gouvernement chinois cherche à favoriser la transition environnementale. Pour ce faire, il a réorganisé les administrations chargées de ces questions, en élargissant les pouvoirs du gouvernement afin d'éviter la corruption et le chevauchement des compétences.

Mot clé

La **transition environnementale** a pour ambition de favoriser la mise en place d'une économie durable.

L'ESSENTIEL

Des ressources et des environnements sous pression

- La Chine, 1er consommateur de ressources naturelles au monde
- Un impératif : sécuriser les approvisionnements

- La crise environnementale, un enjeu politique
- Une priorité : « verdir » l'économie

L'urbanisation, facteur de recomposition spatiale

66

☐ OK

En 2019, 60 % des Chinois sont urbains. L'urbanisation actuelle est un phénomène massif et rapide qui bouleverse la société chinoise, traditionnellement rurale. Le pays compte des villes dynamiques qui rivalisent avec les plus grandes métropoles mondiales.

I Une transition urbaine rapide

- Sous-urbanisée jusqu'à la fin des années 1970 (environ 18 %), la Chine connaît une très forte croissance urbaine avec l'**ouverture du pays**. En effet, les villes ont été les principaux moteurs de l'essor économique, bénéficiant d'impôts faibles et d'un statut spécial (ZES ▶ FICHE 67).
- Le nombre d'urbains est passé, ainsi, de 65 à 813 millions entre 1980 et 2019. Aujourd'hui, on compte presque 60 % d'urbains. Le taux d'urbanisation au rythme actuel devrait atteindre 75 % d'ici les années 2030.
- Cette croissance urbaine est alimentée très largement par de **considérables flux migratoires internes**, des campagnes vers les villes et, toujours, des régions intérieures au littoral. Malgré le système du *hukou*, des centaines de millions de Chinois ont fui la misère des campagnes pour vivre le « rêve chinois ».

Mot clé

Le ***hukou*** est un permis de résidence délivré par les autorités pour contrôler les migrations intérieures. Le système a été assoupli au début des années 2010.

II Une modification de l'armature urbaine liée à la recomposition spatiale

- Longtemps dominé par le poids des **trois grandes métropoles littorales** (Pékin ou Beijing ; Shanghai ; Hong Kong), le réseau urbain chinois se complexifie depuis quelques années avec l'affirmation de villes intérieures comme Chongqing ou Shenyang.
- Les **trois principales régions urbaines et industrielles** se situent toujours sur le littoral et rassemblent de nombreuses agglomérations et leurs villes-satellites. Il s'agit du delta du Yangzi dominé par Shanghai, du delta de la rivière des Perles (Shenzhen, Guangzhou et Hong Kong) et de la région « jing-jin-ji » (Pékin et sa région).

- Trois autres régions s'affirment comme de **nouveaux pôles de croissance** indispensables au développement économique : l'ancienne région industrielle en cours de revitalisation autour de Shenyang dans le Liaoning, la région autour de Wuhan et celle qui entoure Chongqing.

III Une transformation des espaces urbains

- Dans les années 1990, les autorités chinoises se sont lancées dans de nouveaux projets d'aménagements pour **restructurer les centres-villes** : modernisation des transports, développement de quartiers d'affaires et de centres commerciaux.

- Les **périphéries** ne cessent de s'étendre avec l'apparition de vastes logements collectifs, voire de quartiers pavillonnaires, et de zones industrielles. On peut parler d'une spécialisation fonctionnelle des espaces urbains (ou « zonage »).

- Par conséquent, le bâti, traditionnellement horizontal, connaît une **verticalisation généralisée**. La spéculation immobilière a joué un grand rôle dans la destruction de quartiers historiques (notamment à Pékin).

Chiffres clés

Principales aires urbaines chinoises : Shanghai (**24,2** millions d'habitants), Beijing/Pékin (**21,7**), Chongqing (**15,2**), Chengdu (**14,4**), Guangzhou/Canton (**12,7**).

- Les villes chinoises doivent aussi affronter les défis des grandes villes mondiales. La métropolisation a entraîné l'apparition d'une forte **ségrégation sociospatiale** et de résistances locales à la modernisation. Autre enjeu majeur, la **pollution** touche la plupart des grandes villes qui se lancent dans des projets durables pour y remédier, comme les « écocités » (Tianjin) ou la ville-forêt de Liuzhou.

L'ESSENTIEL

L'urbanisation en Chine
- Transition urbaine rapide
- 3 + 3 régions urbaines et industrielles
- Étalement urbain et verticalisation
- Restructuration des centres-villes
- Ségrégation sociospatiale

Un déséquilibre territorial sous l'effet de la littoralisation

67

☐ OK

Avec seulement 14 % de la superficie de la Chine, le littoral (soit l'ensemble des provinces littorales et Beijing) demeure l'espace clé du dynamisme économique. Il accueille près de la moitié de la population du pays, attire 82 % des IDE et concentre 57 % du PIB.

I Un territoire tourné vers les échanges maritimes

- Depuis 1980, les autorités chinoises ont misé sur l'attractivité du littoral pour développer le pays. Ainsi, les provinces de Guangdong et de Fujian ont bénéficié des quatre premières ZES. Celles-ci se sont par la suite étendues à toutes les villes littorales.

> **Mot clé**
>
> Les **zones économiques spéciales** sont des zones franches visant à attirer les investisseurs étrangers. L'exemple le plus célèbre est celui de Shenzhen.

- Le littoral chinois est la principale interface du pays. Sur les 8 premiers ports mondiaux, 6 sont chinois. Modernisés ces vingt dernières années, ils sont devenus de gigantesques *hubs* portuaires (Shanghai, 1er port au monde avec 40 millions de conteneurs EVP en 2017).
- Les entreprises étrangères investissent principalement dans cette zone qui accueille une abondante main-d'œuvre, les principaux centres de recherche, les universités, les sièges sociaux des grandes entreprises et le pouvoir politique.
- Espace privilégié de l'insertion dans la mondialisation, le littoral est aussi un moyen de pression pour affirmer la fierté nationale (contre Taïwan ou le Japon).

II Un espace renforcé

- C'est dans cet espace que l'on retrouve les principales régions urbaines. ▶ FICHE 66 La densité moyenne est de 472 hab./km^2 mais l'urbanisation est discontinue. Le gouvernement chinois veut créer des mégalopoles afin de favoriser les synergies et d'augmenter la productivité de 3 à 5 %.

- Pour attirer les investisseurs, les autorités continuent de multiplier les aménagements et à réorganiser l'espace. Le littoral possède les transports les plus modernes et efficaces du pays : aéroports, autoroutes et surtout à des lignes à grande vitesse (25 000 km en 2018) avec des vitesses moyennes de 350 km/h entre Beijing et Shanghai.
- Le tourisme balnéaire connaît une forte croissance. Les Chinois, auparavant davantage attirés par l'intérieur du pays, se tournent de plus en plus vers la plage. L'île de Hainan est particulièrement prisée (hausse du marché touristique de 9,2 % en 2017).

III Des contrastes territoriaux accentués

- Le littoral chinois est de plus en plus saturé. Entre les grandes métropoles, les aménagements sont de qualité et, souvent, performants. En revanche, au sein de celles-ci, ils restent insuffisants au regard de la densité du peuplement (congestion du trafic). Ces fortes densités favorisent les accidents, la pollution et la pression sur les milieux. ▶ FICHE 65
- Certaines régions littorales souffrent de la concurrence économique de leurs voisines : la province de Liaoning a un PIB/hab. 2,5 fois plus faible que sa voisine Hebei.
- Pour rééquilibrer le territoire, les autorités chinoises ont décidé de mettre en place des plans régionaux de reconversion (« Développement de l'Ouest », « Revitalisation du Nord-Est ») ou des projets, comme les « nouvelles routes de la Soie » vers l'Asie centrale ou la LGV Shanghai-Chengdu. Toutefois, ces mesures ne remettent pas en cause le rôle central joué par le littoral.

Chiffre clé

Selon la banque Morgan Stanley, les investissements chinois cumulés dans les pays traversés par ces « nouvelles routes de la Soie » dépasseront **1 200 milliards de dollars** d'ici 2027.

L'ESSENTIEL

La littoralisation du territoire chinois
- Le littoral, principale interface du pays et principale région urbaine
- Saturation du littoral et accentuation des déséquilibres territoriaux

Des espaces ruraux profondément transformés

68

☐ OK

Nourrir près de 1,4 milliard d'habitants reste un enjeu majeur pour la Chine. Si elle avait réussi à atteindre l'autosuffisance alimentaire, les récentes transformations sociales et démographiques ont remis en cause un fragile équilibre.

I L'« éclatement » du monde rural

- De nombreux ruraux continuent à quitter les campagnes pour s'installer en ville afin de bénéficier de meilleures opportunités d'emplois et de revenus plus élevés. Pour surmonter le malaise rural, le gouvernement a assoupli le système du *hukou* et entrepris des réformes sociales. ▶ FICHE 66
- Une dichotomie des campagnes s'affirme. D'une part, avec l'étalement urbain, on constate une forte périurbanisation, qui entraîne un recul de l'agriculture sous l'effet de la pression foncière. Les espaces ruraux industrialisés, bien reliés aux villes, deviennent de nouveaux noyaux urbains.
- D'autre part, une grande partie du monde rural reste encore en marge. Il s'agit des petites exploitations mal reliées au marché urbain, dont les habitants alimentent l'exode rural. Les espaces enclavés et isolés (Tibet, Xinjiang) demeurent répulsifs et pauvres.

II Édifier de nouvelles campagnes

- Environ 400 millions de paysans travaillent sur une exploitation d'une superficie moyenne d'un demi-hectare. Ces petites structures assurent l'essentiel de la production nationale mais leurs revenus ne sont pas suffisants pour nourrir la famille.
- Autrefois soutiens emblématiques du PCC, les petits paysans voient leurs conditions de vie stagner, voire régresser. Ils subissent de plein fouet la concurrence des grandes exploitations nationales.
- Par conséquent, les autorités chinoises encouragent l'abandon des villages les plus reculés au profit de nouveaux villages (*xin cun*) construits dans des villes moyennes ou le long de nouvelles infrastructures routières.

Chiffre clé

Le gouvernement chinois veut réduire la part de la population rurale et atteindre un taux d'urbanisation de **70 %** d'ici 2025.

III Les défis de l'agriculture chinoise

1 La transition alimentaire

- La Chine est devenue le 1er producteur mondial de blé, de riz et de volailles. Mais cette production n'est pas suffisante : elle doit importer de plus en plus de produits agroalimentaires.

- Les Chinois sont en pleine transition alimentaire sous l'effet de l'augmentation du niveau de vie et de la forte urbanisation.

Mot clé

La **transition alimentaire** est le passage, pour une population, d'une alimentation essentiellement végétale à une alimentation carnée et sucrée.

2 L'agriculture, un problème ?

- L'État est confronté à trois problèmes ruraux : une agriculture peu moderne, un appauvrissement des paysans et des espaces ruraux sous-aménagés.

- La productivité agricole reste faible à cause de l'hétérogénéité des techniques utilisées : la mécanisation et les variétés hybrides côtoient une agriculture en grande partie extensive. Par ailleurs, l'industrie agroalimentaire est régulièrement secouée par des scandales sanitaires (choux au formol, lait frelaté).

3 Soutenir une autre agriculture

- De nombreuses mesures ont été prises pour soutenir l'agriculture depuis 2005 : abrogation de taxes, allocation pour la main-d'œuvre sans emploi, modernisation de l'agriculture et des infrastructures (unités agro-industrielles intégrées, « coopératives »).

- Le 13e plan quinquennal (2016-2020) cherche à développer l'agriculture productiviste (mécanisation, nouvelles semences, irrigation) tout en promouvant une agriculture durable et en renforçant les contrôles sanitaires.

L'ESSENTIEL

Quiz EXPRESS 69

Avez-vous bien révisé les fiches 64 à 68 ? On vérifie !

La Chine

1 Développement et inégalités en Chine
▶ FICHE 64

Quel est le rôle de l'État dans l'économie chinoise ?

☐ a. Il laisse l'économie fonctionner de façon autonome.
☐ b. Il intervient beaucoup et possède de nombreuses entreprises.
☐ c. Il favorise l'insertion dans la mondialisation.

2 Ressources et environnements sous pression
▶ FICHE 65

La Chine est-elle autonome sur le plan énergétique ?

☐ a. Non, malgré ses très nombreuses ressources.
☐ b. Oui, sauf pour le charbon.
☐ c. Oui, grâce aux énergies renouvelables.

3 La Chine des villes
▶ FICHE 66

Quelles sont les trois principales régions urbaines chinoises ?

☐ a. Pékin, Chongqing et Hong Kong
☐ b. Pékin, Shanghai et Wuhan
☐ c. Pékin, Shanghai et Hong Kong

4 La littoralisation des activités et la mutation des espaces ruraux
▶ FICHES 67 ET 68

1. Quelle province littorale est très prisée par les touristes chinois ?

☐ a. Taïwan ☐ b. Hawaï ☐ c. Hainan

2. Les importations de produits agricoles en Chine augmentent à cause de…

☐ a. la transition alimentaire.
☐ b. la faible productivité de son agriculture.
☐ c. l'exode rural.

CORRIGÉS

1 Développement et inégalités en Chine

Réponses b et c. L'État chinois intervient beaucoup dans l'économie. Sur les 5 premières entreprises mondiales, 3 sont chinoises et appartiennent à l'État.

Info

Huawei est devenu le **2e constructeur** de smartphones dans le monde en 2019, devant Apple.

2 Ressources et environnements sous pression

Réponse a. La Chine n'est pas autonome sur le plan énergétique. Elle est obligée d'importer beaucoup d'énergies fossiles, même si elle en produit.

Chiffre clé

La Chine est le 1er producteur de charbon au monde mais doit importer **10 %** de sa consommation.

3 La Chine des villes

Réponse c. Il s'agit des régions du delta du Yangzi, du delta de la rivière des Perles et de la région « jing-jin-ji ».

4 La littoralisation des activités et la mutation des espaces ruraux

1. **Réponse c.** Hainan est la nouvelle destination prisée pour les activités balnéaires. Les autorités veulent en faire le « Hawaï chinois ».

2. **Réponses a et b.** La transition alimentaire et la productivité moyenne de l'agriculture chinoise obligent la Chine à importer de plus en plus.

*FLASH*CARDS

Mémorisez les idées clés des fiches 64 à 68

70

La Chine

1

Quels sont les déséquilibres démographiques en Chine ?

▶ FICHE 64

2

Comment la Chine essaie-t-elle de diminuer sa dépendance aux énergies fossiles ?

▶ FICHE 65

3

Citez trois atteintes à l'environnement.

▶ FICHE 66

4

Comment les autorités chinoises cherchent-elles à restructurer les centres-villes ?

▶ FICHE 66

5

Citez deux projets urbains durables.

▶ FICHE 66

6

Pour quelles raisons le littoral attire-t-il l'essentiel des investissements ?

▶ FICHE 67

7

Comment expliquer le fort exode rural actuel en Chine ?

▶ FICHE 68

8

Pourquoi la productivité agricole est-elle faible en Chine ?

▶ FICHE 68

RÉPONSES

Efforcez-vous de répondre aux questions par vous-même avant de consulter les réponses, puis révisez régulièrement pour bien mémoriser.

1

Les **déséquilibres démographiques** se caractérisent par un vieillissement accéléré de la population chinoise et par une très faible proportion de femmes par rapport aux hommes.

2

La **Chine** cherche à **diminuer sa dépendance énergétique** en contrôlant des gisements offshore, en améliorant l'efficacité énergétique et en diversifiant son mix énergétique (hausse des énergies renouvelables).

3

3 atteintes à l'environnement
1. l'atmosphère des villes est souvent irrespirable
2. la dégradation des sols se généralise
3. les eaux souterraines et de surface sont de plus en plus polluées.

4

Pour **restructurer les centres-villes**, les **autorités chinoises** ont modernisé les transports, développé des quartiers d'affaires et des centres commerciaux.

5

De **nombreuses villes** se lancent dans des **projets durables** comme Tianjin, qui veut devenir une éco-cité, ou Liuzhou, la ville-forêt.

6

Le **littoral attire l'essentiel des investissements** car les ports sont les principales interfaces de la Chine, il y a une forte concentration de population et d'infrastructures.

7

L'**exode rural** que connaît actuellement la **Chine** s'explique notamment par l'espoir des migrants de bénéficier de meilleures opportunités d'emplois, d'une hausse de leurs revenus et de meilleures conditions de vie.

8

En **Chine** la **productivité agricole** est **faible** en raison du grand nombre de petites exploitations qui utilisent encore des techniques rudimentaires.

Achevé d´imprimer en Espagne par Grafo à Basauri
Dépôt légal : n° 05268-0/01 - Novembre 2019